昔話にみる山の霊力

なぜお爺さんは山へ柴刈りに行くのか

狩野敏次

雄山閣

目次

はじめに

「お爺さんは山へ柴刈りに、お婆さんは川へ洗濯に……」といえば、日本の昔話やお伽噺の常套句である。それにしても、お爺さんはなぜ山へ柴刈りに行くのだろうか。そんなことをいちいち気にしながら昔話に耳を傾ける人はまずいないだろう。「お爺さんは山へ柴刈りに」といえば、これからいよいよ物語がはじまるといういわば符牒のようなもので、漠然と聞き流してしまうことが多いからだ。

だが、そうはいっても、昔話のなかにこれだけ頻繁に柴刈りの爺さんが登場するのはやはり気になるものである。そこで、あらためてさきほどの素朴な疑問を反芻してみる。お爺さんはなぜ山へ柴刈りに行くのだろうか。そんなことはわかりきったことで、何をいまさらといわれるかもしれない。お爺さんが山へ柴刈りに行くのは刈り取った柴を売りに行くためであり、要するにお爺さんは柴刈りを生業にしているというのが大方の見方であろう。しかしこれはどうやら誤解のようで、お爺さんが山へ柴刈りに行くのは、実は生計のためでもなければ小遣銭稼ぎのためでもなかったのである。

詳しい理由は本文を読んでいただくとして、その前にぜひともふれておきたいことがある。

日本の昔話やお伽噺には柴刈りの爺さんがよく登場するけれども、柴刈りそのものが物語のテーマになることはむしろまれである。いまもいったように、昔話がはじまるときのたんなる符牒であったり、あるいはせいぜい話の接ぎ穂として語られるにすぎない。その点、竜宮童子型と呼ばれる昔話は例外で、柴刈りそのものが話の展開のなかで重要な鍵をにぎっているのである。

この昔話は、山へ柴刈りに行った爺さんが淵や洞穴に刈り取った柴を投げ込むことからはじまる。淵や洞穴は水界に通じていて、爺さんが投げ込んだ柴は水界に奉納され、それがきっかけで爺さんは水界（竜宮）に招待される。そして歓待を受け、土産に竜宮童子と呼ばれる醜い子供をもらって帰ってくる。竜宮童子は福神で、爺さんの家を豊かにしてくれる。山へ柴刈りに行った爺さんがひょんなことから幸運をさずかるわけで、この場合の柴には何か特別な意味が隠されているらしい。まずは竜宮童子の昔話を突破口にして、私たちの記憶から失われて久しい柴と柴刈りの意味について考えてみることにしよう。

序　章　竜宮童子の昔話

水界に柴を投じる

岩手県江刺郡には「淵から上った福神童ウントクの話」という竜宮童子の昔話が伝わっている。爺が山へ行って柴を刈っているところから話がはじまる。佐々木喜善の『江刺郡昔話』にしたがって、なるべく手短に大要を記してみる。

あるところに一人の爺がいた。毎日山へ行き、ある淵のほとりで柴を刈っていると、淵の水がいつもくるくると渦を巻いている。それを面白いと思って、柴を一束投げ込むと、柴は見事にくるくると回って水の底に沈む。これは面白いと思い、また一束、また一束と投げ込んでいるうちに、三か月の間刈りためておいた柴を残らず淵に投げ込んでしまった。ところが淵の中から美しい女が出てきて、柴の礼をいい、ぜひ私の家に来てくれという。そこで爺は目をつぶって女に負われて淵の底に入って行くと、立派な構えの館があって、爺が投げ入れた柴はその脇に積み重ねてあった。女のすすめるままに爺が家のなかに入ると、座敷には一人の気高い老人がいて、柴の礼をいい、それからさま

河童淵（岩手県遠野市）。淵は水界の入口とされ、水神の化身であるカッパが出没すると信じられた。遠野には河童にまつわる伝説が多く伝えられている。

ざまな酒肴を出して爺をもてなした。さて帰るときに、醜い童をむりやり押しつけられる。童がいうには、座敷の奥の誰も気づかないところに自分を置いておけという。そうすれば運をさずけるという。童のいうとおりにすると、家がだんだん豊かになる。そして毎日、山から帰ってくると、爺はひそかに奥へ行って童の頭をなでて、にこっと笑って出てくる。それを見た婆が不審に思い、爺の留守中に座敷の奥にいた醜い童を見つけると、頭を箒でうんとたたいたあげく、外へ追い出してしまった。山から帰った爺はそのことを知り、ひどく悲しんだ。それからは、まただんだんと元通りの貧しい爺婆になったという（『江刺郡昔話』、二二三〜五頁）。

山へ柴刈りに行った爺が刈り取った柴を淵に投げ込み、それが機縁で福運をさずかるわけで、典型的な竜宮童子の昔話といえる。福運をさずけるのは具体的には童子で、この物語ではウントクと呼ばれる。ウントクはおそらく運をもたらす男という意味の運男（ウンオトコ）からきているのだろう。ウンオトコがなまってウントコになり、さらにウントクに転訛したと考えられる。この昔話からわかるように、水界から派遣された醜い子供、つまり竜宮童子の存在が家の盛衰に深くかかわっているのである。

また同じ江刺郡には「ひょっとこの始まり」という似たような話が伝わっていて、山へ柴刈りに行った爺が大きな穴を見つける。こんな穴には悪いものが棲むといって、柴で穴をふさごうとする。一束穴にほうり込むと、柴はするするとなかに入ってしまい、穴をふさぐことができない。爺は次々と入れて、三か月の間に刈りためた柴をことごとく穴に入れてしまった。すると穴のなかから美しい女が出てきて、柴の礼だといって爺を穴のなかに案内する。穴のなかには目の覚めるような立派な家があり、その家の側には爺が投げ入れた柴が積み重ねてあった。家のなかには白髭の翁がいて、あらためて柴の礼をいわれる。そして座敷にあがってご馳走になり、帰りしなに童子をもらってくる。家に連れてきたものの、童子はみっともない顔で臍ばかりいじくっているので、爺が火箸で突くと金の小粒が出る。一日に三度ずつ出て爺は富貴長者になる。婆が欲張って金を多く出そうと火箸で突くと、金は出ないで童は死ぬ。爺が帰って悲しんでいると、泣くな爺様、おれの顔に似た人形をつくって竈前にかけておけ、すると家が富むという夢を見せる。この童の名を「ひょうとく」といい、それからこの地方ではヒョウトクの面をつくって柱に掛けるようになった。以来、その柱を釜男と呼ぶようになったという（日本昔話記録1『岩手県紫波郡昔話集』、一三～五頁）。

ヒョウトクはよく知られているようにヒョットコ、つまりヒオトコ（火男）のなまりである。火男は竈神のことで、最後に子供は竈神に祀られる。竜宮から派遣された子供は竈神でもあり、竈神が家の盛衰を左右すると信じられているのである。

いま紹介した二つの昔話には醜い顔の子供が登場する。子供は竜宮童子と呼ばれることから、この種の昔話は一般には竜宮童子型に分類されている。また「ひょっとこの始まり」のように竜宮童子が最後に竈神に祀られる話もあって、これは見方によっては竈神の起源を語った話とも受けとれる。そのことから、竜宮童子の昔話と竈神起源譚は明らかに同系の話とみることができる。

竜宮童子の昔話や竈神起源譚は淵や洞穴に柴を投げ入れることから話が展開する。淵や洞穴は水界（竜宮）に通じていて、爺が投げ入れた柴も水界に運ばれたらしく、それが水界の主である水神に喜ばれ、爺は幸運をさずかることになる。

そもそも爺が幸運をさずかったのは、刈り取った柴を水界に投じたことがきっかけになっている。水神はどうやら柴を好むようである。柴はいうまでもなく竈やイロリの燃料だが、この場合の柴には燃料のほかに別の意味もあったらしい。

竜宮童子の昔話は柴を水界に投じる話が多いけれども、なかには柴ではなく門松というのもある。岩手県紫波郡に伝わる「福の神よげない」などもそのひとつで、ある百姓が正月の門松迎えに南昌山に行った帰りのことである。淵に一羽の鴨が浮かんでいたので、迎えてきた門松を投げると、門松も鴨も淵に沈んで見えなくなった。すると淵から姉様が出てきて、門松の礼をいい、淵の底へ案内する（日本昔話記録1『岩手県紫波郡昔話集』、八〜九頁）。あとはさきほどの「淵から上った福神童ウントクの話」や「ひょっとこの始まり」と同工で、土産に童子をもらって帰ってくるところも同じである。

柴と依り代

このように、水界に投じるのはかならずしも柴とはかぎらないようである。いま紹介した「福の神よげない」の場合は門松だが、ほかにもさまざまなものが水界に投じられる。内藤正敏氏は「東北カマ神信仰の源流（上）」という論文のなかで各地に伝わる竈神起源譚や竜宮童子の昔話の特徴を整理して表にまとめている。それを参考にすると、水界に投じられるのは柴のほかに薪、たきぎ、割木、門松などがある。薪、たきぎ、割木は柴と同様に燃料だが、しかし一方では正月の年木を思わせる。門松はむろん年神の依り代であり、これもまた年木の一種である。年神は正月に訪れる神だが、年木は年神を迎えるための神聖な木、つまり依り代であり、年神はこの依り代をたよりに来訪すると一般には信じられている。

内藤氏がまとめた一覧表によれば、水界に投じられるのは柴、薪、たきぎ、割木、それに門松などである。

一風変わったところでは、高知県高岡郡に伝わる竜宮童子の昔話のように正月餅というのもある。餅を海や川に投じるのは昔話の世界にかぎらず実際の正月行事でも行われていた。鹿児島県の上甑島あたりには磯餅焼きと呼ばれる小正月の子供行事があり、年の幸いを祈って海に餅を投げる風習がある（『歳時習俗語彙』、三三五頁）。餅も元来は神にささげるものであってみれば、柴や門松などを水界に投じるのと動機は同じである。

こうしてみてくると、竜宮童子の昔話が成立する背景には正月の神祭りがあったのではないかと思われる。水界に投じられる柴、薪、たきぎ、割木、門松などはいずれも正月の神を迎えるための年木とみて間違いなかろう。さらにいえば、この昔話は年木を水界に投じた見返りに福徳をさずかるというのが話のモチーフで、その背景には正月の予祝行事が影を落としていたようである。

予祝行事とは、あとで詳しくふれるように、年頭にあたり農耕を模擬的に演じて、その年の豊作を祈願する行事のことで、鍬入れ、庭田植、繭玉の行事などがよく知られている。竜宮童子の昔話には正月の予祝行事も反映されているようで、いずれにしろ、この昔話が正月の神祭りや予祝行事と関係があることはたしかなようである。

ところで、昔話は分類の仕方によっては別の名称で呼ばれることもある。竜宮童子の昔話も例外ではなく、別の分類法では「花売り柴刈り型」とも呼ばれる。「花売り柴刈り型」の昔話を調査した関敬吾氏は、「他の民族の伝承にくらべとくに日本の昔話では大歳に薪を海神に献ずることが多い」と述べ、この種の昔話がやはり正月の神祭り、さらには水神信仰と関連があることを指摘している。関氏の調査では、五〇あまり採集された類話のうち四分の三は竜宮へ薪を献納する話だという（『関敬吾著作集』2、八〇頁）。ここでいう薪も年木であり、竜宮童子の昔話が正月の神祭りや水神信仰を背景に誕生したことは関氏の調査でも明らかである。

関氏の指摘をうけて、あらためて竜宮童子の昔話を読み返してみると、なるほどと思えるふしがいくつかある。冒頭で紹介した「淵から上った福神童ウントクの話」では、爺が案内されて水界に行くと、爺が投げ込んだ柴は館の脇にちゃんと積み重ねてあった。柴や薪を積みあげることは正月の神を祀るときの一般的な作法であり、昔は山から伐り出した柴や薪を軒先に積み上げて年神の来訪を願う風習があったらしい。年木を積み上げることじたいが神に祈願する方法のひとつとされたのである。秋田県由利郡東由利村の一部では小正月の門松は柴を二メートルほどの高さに束ねて門の両側に立てるが（藤原俊『田の神・稲の神・年神』、九頁）、この束ねた柴は年木であり、それをうずたかく積み上げるのは門松を立てる以前の遺風を伝えている。また門松の根元に薪を積み上げて、これを年木と呼んでいる地方があるのも同じように古風な祀り方といえる。

ちなみに農家ではつい最近まで竈やイロリにくべる薪やたきぎは軒下に積み上げておいたものだが、これなども考えようによっては、年木を積み上げて年神の来訪を願った古い時代の名残りといえないこともない。

「淵から上った福神童ウントクの話」にもどると、柴は館の脇に積み重ねてあったが、これも年木を積み上げる古い作法にしたがったのだろう。つまり爺が投げ込んだ柴は年木として奉納されたとみることができるし、爺が水界に招待されたのも、実は燃料の柴というよりも年木に対する礼であったというべきかもしれない。

竜宮童子の昔話のなかには、刈り取った柴を売りに行くと語っているのもある。売りに行く時期に注目してみると、年の瀬が圧倒的に多いのも特徴である。一例をあげてみよう。岩手県東磐井郡東山町に伝わる竈神起源譚の異伝では、親子で正月の門松を山から伐り出してきたものの、結局は父親の松を立てることになり、息子の松は海に流したとある（内藤、前掲論文）。これなどは正月の神祭りとの関係がはっきりとわかる例である。竜宮童子の昔話で爺が水界に投じた柴は、やはり年木としてあらかじめ準備されたものであったらしい。

水界は大地の底に想定された異界である。いまの異伝にあったように、海底もまた水界に通じていて、海に流した松の行き着く先も同じ水界とみられる。水界の主は水神であり、したがって門松は水神に奉納されたとみることができる。翌朝に訪ねてきた見知らぬ者とは水界から派遣された使者であろう。年木は年神にささげるものであり、すると水神は年神でもあったらしい。竜宮童子の昔話は年神と水神が同じ神であることを示唆しているのである。別の言い方をすれば、正月のあいだ水神は年神として来訪すると信じられていたようである。関敬吾氏の指摘にもあったように、この昔話が正月の神祭りとならんで水神信仰とも深くかかわっていることがわかる。

農家の軒下に積み上げられた薪。薪はカマドやイロリの燃料として欠かせなかった。

正月の神祭り

いま私は、正月のあいだ水神は年神として来訪するといった。要するに年神は水神でもある。しかし一般に年神は山の神もしくは祖霊と考えられている。人間が死ぬと、その霊魂は山という他界に送られる。そして霊魂は年月を経て清められ、やがて子孫を守る祖霊になり、それが山の神だと信じられている。言い換えれば、山は祖霊が集まるところであり、そこから山の神と祖霊を同格とみるようになったらしい。正月に訪れる年神もまた祖霊であり山の神とされる。すると山の神と水神の関係が問題になるが、これについては第六章で詳しくふれる。

ともかく年神は水神または山の神であり、この年神を迎えるために山から柴や薪を伐り出してくる風習がかつてあったのである。竜宮童子の昔話にはこの風習が反映されているようで、水神が柴を好むとされるのも、この風習と関係があるのかもしれない。

これに関連していえば、福井県丹生郡朝日村には「竜宮の淵」と呼ばれる大岩があって、岩の下には竜宮に通じる穴があり、上流から流した薪などが穴に入ると二度と出てこないといわれる（『日本伝説名彙』、一九〇頁）。竜宮は水界の別名で、また薪を広い意味での柴とみれば、これも水神が柴を好むという伝承が別のかたちをとって伝えられたのではないかと考えられる。

このように竜宮童子の昔話には正月の神祭りが背景にあって、爺さんが水界に投じた柴もまた年神に捧げるための年木と考えることができる。

ところで、年木には柴のほかに薪、たきぎ、割木、門松などがあるが、歴史的には柴が最も古く、門松を立てるようになるのはのちのことである。平安時代末期に完成した歌謡集『梁塵秘抄』には、

新年春来れば　門に松こそ立てりけり　松は祝ひのものなれば　君が命ぞ長からん

とあり、この時代になると、門松を立てる習慣が定着していたようである。また『本朝無題詩』巻五に収められた惟《これ》宗孝言《むねたかとき》の「正月春中閑二四牖一……鎖レ門賢木換二貞松一」という詩の自注に「近来世俗皆以レ松挿二門戸一而余以二賢木一換レ之」とあり、都では榊（賢木）のかわりに門松を立てる風がさかんになってきたことが述べられている。これは和歌

森太郎氏が指摘されたことで、和歌森氏によれば、惟宗は平安中期の摂関制確立期の人物で、当時は「しづ（賎）が門松」といわれるほど一般庶民のあいだに門松が普及していた。しかし惟宗のようにまだ榊に執着する者がいたのだという（『花と日本人』、一三七～八頁）。

『梁塵秘抄』や『本朝無題詩』の記事からわかるように、門松を立てるようになるのは平安時代になってからで、それ以前の年木は榊が一般的であった。しかし榊といってもいわゆるツバキ科の榊ではなく、この時代には常緑樹を総称してサカキと呼んでいた。サカキはまたシバともいい、いまでも年木伐りのことを「柴節供」とか「小柴刈り」などと呼んでいる地方があるけれども、これは年木伐りの古い伝統を今日に伝えるものである。たとえば長崎県五島（南松浦郡）の日島では十二月十三日をシバゼック（柴節供）といい、椎の木の柴を切って神に供えたり、舟の形を作って曳いて歩いたという。柴でこしらえた舟を曳いて歩くのは不自然で、おそらく昔は川や海に浮かべて流したのだろう。実際に草木の枝で小さな舟をつくり、これを柴舟と呼ぶ風習は昔からあったようである。『今昔物語』巻第十三の「天王寺僧道公誦法救道祖語第三十四」には、

忽ニ柴ノ船ヲ造テ、此ノ道祖神ノ像ヲ乗セテ、海辺ニ行テ此レヲ海ノ上ニ放チ浮ブ。

とあり、柴舟に道祖神の像をのせて海に浮かべて流す話が語られている。柴舟は神送りの儀礼には欠かせない呪具で、柴で舟の形を作って曳いて歩くという長崎県五島の日島の儀礼は、古い神送りの名残りであろう。盆の灯籠流しなどもこの伝統の流れを汲むもので、ここにも柴舟を浮かべて流した古い神送りの痕跡がかすかに感じられる。

大阪府三島郡では十二月十三日を「小柴刈り」といって薪を取りに行く習慣があり、この薪で正月雑煮を煮るのだという。また兵庫県に伝わる「十三柴」の行事では、十三日の午前中に奉公人が柴一荷を伐ってきて、午後は暇をとるのがならわしである。この柴も年木であり、寒餅をつくときの燃料にしている（『日本年中行事辞典』、六七七～八頁）。

十二月十三日は一般に事始めといって正月の準備にとりかかる日とされている。正月を迎えるにあたり、最も大切なのが年木伐りであった。十三柴、柴節供、小柴刈りなどの「柴」は明らかに年木を意味している。年木は古くは柴木が用いられ、したがって柴刈りには年木伐りという意味もあったのである。竜宮童子の昔話にはこうした年木伐りの風習が反映されていて、お爺さんが山へ柴刈りに行くのも実は年木を伐るためであったと考えられる。

では、柴刈りは年木伐りと同じ意味かというと、そうともいえない。さきほどもいったように、竜宮童子の昔話には正月の神祭りのほかに予祝儀礼も反映されている。柴を水界に投じて、その見返りに福運をさずかる話がそれである。予祝儀礼というと、いまでは正月行事のように思われているが、もとは春先に行われた春山入りの行事に起源がある。春山入りは植物がいっせいに活動を開始する春に山へ登り、見渡すかぎりの青葉や花を見る儀礼のことで、それと同時に花を摘み、柴を刈り、それらを山から持ち帰って一家の繁栄、農作物の豊穣を祈願した。竜宮童子の昔話で山へ柴刈りに行った爺さんが刈り取った柴を神に捧げるのは、春山入りの予祝儀礼が反映されているとみることもできる。春山入りはのちにその多くが正月に移行したことから、予祝儀礼もまた正月行事のように思われているけれども、もとは春山入りの儀礼に起源がある。正月の神祭りの背後には、さらに古い春山入りの儀礼が影を落としているのである。

このように柴刈りには一筋縄ではいかない複雑な面があって、柴刈りそのものを考えようとすれば、どうしても春山入りの儀礼までさかのぼる必要がある。

柴と薪

そこでまず柴とは何か、あらためて考えてみることにしよう。一般に柴といえば山野に生える雑木の小枝、もしくは樹木の枝のことをいう。『字訓』にも、「柴《さい》は此声《し》。此は細小にして雑多なものの意があり、些《さ》は些少、觜《し》は細くとがったものをいう」とあり、要するに小木、雑木の小枝などを古くから柴と呼んでいたようである。竃やイロリの燃料になるくらいだから、ごく身近に自生している雑木の小枝のたぐいである。

これとは別に神に供える樹木を「シバ」という場合がある。九州では柴は榊と同じような用途をもっているといわれる。静岡県や島根県石見あたりでは柴のことを「サカキ」（榊）ともいう（『日本方言大辞典』、一〇九九頁）。榊はいうまでもなく神事に欠かせない神聖な木のことで、文安年間（一四四四〜四九）に成立した『下学集』には「榊神木ナリ」とあり、榊は神木とされていた。しかしさきほどもいったように、サカキといっても元来は特定の木ではなく、松・杉・樒《しきみ》・榊などいわゆる常緑樹を総称することばであった。神事には常緑樹が用いられ、なかでも榊がよく使われたことから、のちにツバキ科の榊に落ち着いた。これがいまでいう榊である。もともと常緑樹の総称であったサカキが特定の木をさして呼ぶようになったのである。祭祀に用いられる常緑樹の代表が榊ということになる。なお「榊」は漢字ではなく国字で、この字の成り立ちからみても、榊が神木であったことは明らかである。

シバ（柴）もサカキと同じような用途をもち、同じような意味で使われることがある。しかし柴には竃やイロリにくべる燃料としての実用的な一面があり、これはサカキにはみられない柴だけの特徴である。鳥取県では杉や松をのぞく常緑樹で、しかも薪にするものをシバと呼んでいる（『現代日本語方言大辞典』第三巻、一三三三頁）。柴はまず常緑樹であり、くわえて燃料にするたきぎであり、さらには祭祀に用いられる神聖な木でもある。このあたりに柴の本来の特徴が示されているようである。年木に用いられる柴も本来は常緑樹であったのだろう。これがのちに燃料用の柴で代用するようにもなったらしい。そしてさらに柴に薪や割木が追加され、これらを含めて年木とされたのである。

柴と薪の違いについていえば、『礼記』月令の注に、「大にして析《さ》くべきものを薪、小にして束ぬべきものを柴とい

ヒサカキとその枝。サカキ同様に神前に供える。サカキはもともと常緑樹の総称であった。

う」（『字訓』、三九五頁）とあり、木の幹や太い枝を裂いて割ったのが薪で、割らずにそのまま束ねるような細い枝が柴である。割木は木を斧などで縦に裂いて小割りにしたものをいうから、薪とほとんど同じ意味である。

とくに正月行事では柴や薪は年神の依り代とされ、これらを積み上げて神の来訪を願うのが古い作法であった。薪を積み上げる形式がのちにはいわゆる御竈木《みかまぎ》進献の儀礼に発展する。御竈木は「御薪」とも表記されるように、要するに薪であり、これを神ではなく至尊に献上するのである。『日本書紀』巻第三十の持統天皇のくだりには、「壬辰《みずのえたつのひ》に、百寮《つかさつかさ》、薪《みかまぎ》進《たてまつ》る」とあり、壬辰（正月十五日）に宮中では群臣百僚による薪を献ずる儀礼が行われた。御竈木も年木の薪と同じように積み上げて献上されたことは、『後撰和歌集』巻二十の賀歌に、

山人の　樵れる焚木は　君がため　多くの年を　積
まんとぞ思ふ

と歌われていることからもわかる。山人《やまびと》が伐り出した焚《たき》木《ぎ》を献上して、天皇の長寿を祝福するという意味である。たきぎは柴や薪を含む燃料の総称で、「年を積む」を「た

きぎを積む」にかけていることから明らかなように、宮中に献上する薪は積み上げるのが作法であった。これは正月の神に供える年木と形式的には同じで、それを天皇に対して行ったのが御竈木進献の儀礼である。御竈木の儀礼が年木の慣習から発展したことは、この和歌によっても推察できる。

献上された御竈木は実際に燃料として天皇の食事を賄うのに使われた。とはいえ、御竈木がたんなる薪でないことは年木の場合と同様である。土橋寛氏は、御竈木の薪は「燃料であると共に、延命の呪物」だと述べている（『古代

松。一般にマツといえばアカマツ、クロマツの総称である。

樒《しきみ》の枝。葉に傷をつけると独特の香気を発する。艶やかな青葉と香りは常緑樹の特徴である。

歌謡と儀礼の研究』、一〇八頁)。薪には呪力があって、その呪力を人間に感染させることで生命力が活性化されると信じられたらしい。土橋氏によれば、御竃木を贈るのは「薪の呪力を長上や愛する者に感染させて、その繁栄を祝う」意味があり、「それがまた相手に真心を捧げる」ことにもなるのだという(同前、一〇一頁)。御竃木は薪といってもたんなる燃料ではなく、呪力を帯びた薪のことである。

土橋氏の説明では、御竃木を贈るのは「相手に真心を捧げる」ことだとされるが、これは相手に服従を誓うという意味でもあるのだろう。あとで詳しく述べるように、山に自生する樹木には山の神霊が宿ると信じられた時代があった。その生木を伐って薪にすれば、その薪にも神の分霊が宿ると考えるのはごく自然な発想である。そこで自分たちの信仰する土地の神が宿る生木を山から伐り出してきて、それを薪にして献上することで相手に服従を誓ったのではないだろうか。御竃木はいわば相手に対する忠誠のしるしであった。御竃木を献上するのは忠誠心のあかしであり、これが薪を献上するもとの意味だと考えられる。時代がくだるにつれ、その意味が変質し、土橋氏がいうように、長上の繁栄を祈ったり、相手に真心を捧げると解釈されるようになったのだろう。

薪を贈る儀礼

御竃木進献の儀礼と似たような風習は民間でも行われていた。倉田悟氏によると、山口県阿武郡では昔は村の庄屋が火を絶やさぬように埋火をしておき、村人はその火種をもらって暮していたが、そのかわり庄屋には薪を貢いでいたという(『樹の花』、一九一頁)。庄屋と村人の主従関係を考えれば、この場合の薪の贈答にも庄屋に対する忠誠心にも似たような意味合いが感じられる。薪を贈ることは自分たちの信仰する土地神の霊魂を贈るのと同じ意味であり、それがまた至尊や目上の者に忠誠を誓うことにもなったのである。薪には神霊が宿ることから呪力があると信じられた。薪は燃料であるとともに、一種の呪具として神聖な意味を帯びていたのである。

いま紹介した山口県阿武郡の例は村人が庄屋に薪を貢ぐ話だが、分家や奉公人が年の瀬に本家や親元に薪を贈る習慣は広く行われていた。とくに九州あたりではつい最近までこの伝統が守られていたようである。鹿児島県下では家《け》子《ご》と称する家来百姓が年末の十三日に山から薪を伐り出してきて、これを年木として旦那の家の軒先に山と積んだという（『日本年中行事辞典』、一九三頁）。すでにふれた兵庫県の「十三柴」では、同じ十三日の午前中に奉公人が柴一荷を伐ってきて、午後は暇をとるのがならわしである。この柴は年木だが、奉公人が柴を伐ってくるところなどはむしろ御竈木を思わせる。御竈木は年木が発展したものだとすると、ここには年木から御竈木に移行する様子がうかがえるようである。いずれにしても、この十三柴の儀礼は年木と御竈木がもとは同じであった消息を伝えるものとして興味深い。

竜宮童子の昔話にも年木と御竈木がもとは同じであったことを示唆する話がある。広島県広島市安佐町鈴張に伝わる「竜宮の贈り物」（原題は「蜜柑の由来」）という類話がそれで、以下は話のあら筋である。

庄屋の下男が主人の娘と相愛の仲になる。しかし親に結婚を反対され、下男は娘を連れて家を出てしまう。年の暮に下男は薪を背負って庄屋の家に持参するが、庄屋は頑として受け取らない。しかたがないので、下男は薪を池に投げ込んで帰る。五、六日して池の中から男があらわれて、薪の礼に下男を竜宮に案内する。そして土産に金の玉を生む鶏をもらって帰ってくる（『日本昔話通観』第二〇巻、三三六頁）。

話には続きがあるが、年木や御竈木のテーマからはずれるので割愛する。下男は娘を連れて駆け落ち同然に家を出てしまった。庄屋の面目はまるつぶれである。年の暮に下男は薪を背負って庄屋の家に持参する。年の暮とあるから、この薪が御竈木であることはすぐにわかる。しかし庄屋は受け取ろうとしない。頑固な庄屋に腹が立ったのだろう。下男は帰る道すがら薪を池に投げ込んでしまう。それがゆくりなくも竜宮の水神のもとに贈られることになったのである。庄屋の家に持参した薪が、ひょんなことから水神に奉納されたのである。そして薪を奉納した礼に下男は竜宮に招待され、土産をもらって帰ってくる。このあたりは前に紹介した竜宮童子の昔話とまったく同じである。また庄屋の家に持参した薪が水神のもとに贈られることになったのも興味深いところで、これは水神、つまり年神にささげる年木と親元や奉公先に贈る御竈木がもとは同じであったことを示唆している。

このように元来は神に捧げるべき薪や割木を宮中、あるいは本家や親元に贈るのが御竈木の儀礼である。しかしすでに述べたように、御竈木は薪といってもたんなる燃料ではなく、呪力を帯びた薪である。御竈木の前身は年木で、年木には薪のほかに柴も多く用いられた。年木の歴史は薪よりも柴のほうが古く、したがって薪の呪力もせんじつめれば柴の呪力に由来するとみることができる。

また、さきほどの『後撰和歌集』に「山人の　樵れる焚木は　君がため」と歌われていたように、天皇に御竈木を渡しているのは山人である。ここでいう山人は山の神に仕える神人《じにん》とみられる。柴を刈ったり薪を伐るのは山の神に仕える山人の仕事でもあったようで、その山人が献上する薪であればこそ特別に呪力を帯びているのである。御竈木は山人が山から持参する山苞《やまづと》の一種であり、それゆえに神聖視されていたのである。

柴刈りは山人に特有の仕事であった。竜宮童子の昔話に出てくる爺さんも柴刈りに従事していることが多く、爺さんにはどこか山人の面影が感じられるようである。ここではそのことを指摘するだけにとどめ、詳しくはのちほど検討したい。

竜宮童子の昔話の背景に正月の神祭りがあったことはすでに述べた。爺さんが水界に投じた柴は燃料というよりも年木として奉納されたのである。柴が正月の神を迎える年木とされたのは柴に呪力があるからで、それが柴をして神聖な呪具たらしめている。また春山入りで山から持ち帰った柴を神に捧げて家人の幸福や豊穣を祈願するのも、やはり柴に呪力があるからにほかならない。柴にはなぜ呪力があるのだろうか。章をあらためて検討してみることにしよう。

第一章　柴の呪力

榊と柴

序章でも述べたように、柴は祭祀や儀礼などでもよく用いられた。柴はたんなる燃料にとどまらず神聖な呪具としての一面もあったのである。神社へ行くと、神主が榊の枝に麻のシデをたらしたご幣でお祓いをする姿がみられる。榊も広い意味での柴であり、柴には呪力があることから、その呪力によってケガレをはらうのである。

かつて常緑樹一般のことをシバといったが、厳密にいえば、柴は榊をはじめとする常緑樹の小枝のことをいい、柴の呪力も、つまるところ常緑樹という性格からきているようである。

常緑樹はその名のごとく秋になっても落葉しないで一年中青い葉をつけているのが特徴である。その艶やかな青葉とさわやかな香りは自然の生命力の強さのあらわれとみなされ、そのことから古代人は常緑樹を神聖視していたようである。常緑樹のなかでもとくに榊は早くから注目され、『神楽歌』の採物九種のうち最初に出てくるのも榊である。採物は神楽で舞人《まいびと》が舞うとき手に持つもので、神の依り代とされる。採物には榊のほか弊《みてぐら》、杖《つえ》、篠《ささ》、弓《ゆみ》、剣《つるぎ》、杓《ひさご》、葛《かずら》、木綿《ゆう》の九種があり、榊を筆頭にあげているのは採物のなかでもとりわけ神聖視されていた証拠であろう。ともあれ、採物歌から榊の葉を詠み込んだ歌を二首引いてみる。

霜八度　置けど枯れせぬ　榊葉の　たち栄ゆべき　神の巫女かも

榊葉の　香をかぐはしみ　求め来れば　八十氏人ぞ　円居せりける　円居せりける

ここでいう榊も特定の木ではなく、常緑樹の総称と考えられる。最初の歌は、幾度となく霜を置いても枯れることのない榊の葉のようにと、神に仕える巫女を誉めたたえている。霜八度の「八」は実数ではなく「多くの」という意味で、何年たっても枯れることのない榊の葉に自然の生命力の強さをみているようである。

二番目の歌は、榊の葉の香りにさそわれて訪ねてみると、多くの氏人たちが榊を中心に車座になって祭りをしていたという意味で、とくにここでは榊の葉の香りが祭場の神聖さを際立たせている。さわやかな香りもまた常緑樹の特徴である。

いまあげた二首の採物歌にもあるように、常緑樹は一年中枯れることのない艶やかな青葉、さわやかな香りに特徴があり、そのことから古代人は常緑樹に旺盛な生命力をみていた。とりわけ常緑樹の枝を切った青柴には邪気をはらう呪力があると信じられた。常緑樹が神聖視され神事に用いられるのも、青柴のもつ呪力を抜きに語ることはできないだろう。神に供える樹木を一般にサカキ（榊）といい、また一方でシバ（柴）というのもそのためで、榊と柴はほとんど同じ意味に使われている。もう少し正確にいえば、榊（常緑樹）の枝を切ったのが柴で、柴でもさらに小さな枝は小柴とも呼ばれたらしい。小柴もまた神に供える神聖な木で、これを地に挿して神を祀ったことは『万葉集』の防人歌にもみえる。

庭中の　阿須波の神に　小柴さし　吾は斎はむ　帰り来までに

（巻二〇―四三五〇）

「庭中の阿須波の神に柴の小枝を挿して、私はあなたが無事に帰ってくるまで祈ってますよ」という意味である。阿須波の神は屋敷の庭に宿る地神のことで、「小柴さし」は澤瀉久孝氏によると、「木の枝の小さい柴を地にさして神籬《ひもろぎ》として祭る事」だとされる（『萬葉集注釈』巻第二〇、七四頁）。ヒモロギのヒは霊力のこと、モロはモリ（森・杜）の古形とされ、古代では森そのものをご神体とみて信仰の対象とされたが、ここでは小柴を森に見立て、そこに神がこもると信じられた。あるいは森に見立てた小柴に神が降臨するとも考えられたのだろう。

この歌からわかるように、柴は神の依り代であり、今日の榊と同じような意味をもっていたのである。

このようにみてくると、柴が正月の神を迎える年木として使われたのもわかるような気がする。柴は呪力があり神聖であることから年神の依り代にふさわしいと考えられたのである。年木のことをシバといったり、年木伐りを柴刈りとか柴節供などといったりするのも、そのことをよくあらわしている。岡山県にはいまでも正月の年棚に柴を飾るところがある（藤原俊『田の神・稲の神・年神』、二六四頁）。この場合の柴は年神のシンボルとされているようだが、本来からいえば、この柴は年木であり、年木がシバと呼ばれたころの名残りとみていい。年木に用いられるのは常緑樹の柴であり、その緑したたる青葉とさわやかな香りは一種の呪力とみなされ、それゆえに正月の神を迎えるのにふさわしい依り代とされたのである。

柴とり神の風習

神の依り代という意味では、柴の呪力は人間にとって歓迎すべきものである。ところが一方で、柴の呪力には別の側面もあったようである。竜宮童子の昔話では、刈り取った柴は水界に奉納されることから明らかなように、柴はもっぱら神への捧げ物とされている。前に紹介した岩手県江刺郡に伝わる竜宮童子の類話「ひょっとこの始まり」を思い出していただきたい（一三頁）。山へ柴刈りに行った爺さんが大きな穴を見つけ、こんな穴には悪いものが棲むといって柴で穴をふさごうとする場面があった。柴で穴をふさぐのは、柴の呪力で悪霊を閉じ込めるとみるべきであろう。柴の呪力には二面性があって、神を迎える依り代にもなれば、一方では人間に災いをもたらす悪霊などを封じ込めることができるとされたらしい。こうした柴の呪力の二面性は全国に広く分布する柴とり神の風習にもみられる。

柴とり神の風習については折口信夫が「壱岐民間伝承採訪記」のなかでふれている。それを参考にすると、柴とり神は道の四つ角や三つ角にいる神のことで、道に迷ったり怪我をしないように通りすがりには柴を手向けるといい、月に一度くらい枯れ柴を焚いてあげると喜ばれるという（『折口信夫全集』第十五巻、四二九頁）。柴とり神は「柴神」「柴折り神」などとも呼ばれ、峠や山道の入口にいて、通行の安全を守る路傍の神、または境界を守る神と信じられている。徳島県の阿波地方の一部では「柴折《しおり》の神さん」と呼ばれ、この神の前を通るときには新しい花柴の枝を折ってささげる風がある（多田伝三「阿波の山の神」）。柴とり神には柴を手向けたり、枯れ柴を焚いてあげると喜ばれるなどといわれるように、この神は柴を好むと一般には考えられているが、しかし柴とり神に関する次のような風習をみると、この神には意外な側面もみえてくる。

熊本県八代郡に伝わる柴折り神は、旅人の娘が行き倒れになり、その死体に柴をかぶせて葬り、その供養に道行く人が柴を供えることからはじまったという（『日本民俗大辞典』上、七八八頁）。これと同じような理由で柴折り神を祀るようになった例は少なくない。たとえば小野重朗氏が紹介する鹿児島県川辺郡知覧町永里の柴折り神は山道に祀られていて、ここは昔、塩売りどんが重い塩を背負って通りかかり、疲労のため倒れて死んだのを埋めたところだという。ここを通るときは一メートルほどの長さに折った柴を手向ける。こうすれば山道が楽に越せて災難にあうこともないという（『南九州の民俗文化』、一～二頁）。柴折り神は柴を一枝折って手向けることからそう呼ばれるようになったらしい。

また柴折り神にはいつも柴を手向けるとはかぎらないようで、なかには石を投げながら通るというのもある。奄美大島龍郷《たつごう》町戸口の「イシムチミショレ」の風習などもそのひとつで、これも小野氏が同じ著書のなかで紹介しているので、それにしたがうと、戸口から名瀬に行く道は古くは海辺伝いの道であった。途中には黒い大岩の小山が突き出ていて海辺道を遮っているため、大岩のくぼみを通ることになる。ここを通るとき、人は手で持てるほどの石を拾ってきて、大岩の下のところに投げながら「イシムチミショレ（石餅を召し上がれ）」といって通るものであった。こうすれば無事に通り過ぎることができるとされる。ここは昔、人が行き倒れて死んだ場所だといい、最近もこの岩の下に子供が死んでいるのが見つかったという（同前、二〜三頁）。

さらにこの海岸を一〇キロほど北上した笠利町用安の神之子の海辺にもよく似た岩山があって、まったく同様の伝承があり、こちらはイシウチュキ（石打ち置き）といっているそうである。小野氏によると、奄美から九州、四国、中国地方に分布する柴折り神の事例はみなこれと似たようなもので、集落から離れた境にある交通などの難所にあって、柴を折って供えたり石を置いて通れば災難にあわずに通れるとされる。

死と葬送にかかわる柴

柴とり神は柴折り神、柴神とも呼ばれるが、かわったところでは「シバトコ」と呼んで地名にしている地方もある。宮崎県東臼杵郡椎葉村では人の変死した跡を某シバトコといい、その死者の名を冠して地名とし、道行く人が柴を折ってさ さげる風習がある。山ひとつ越した児湯郡西米良にも同じように地名にしているところがあり、ある集落では金持ちのかじどん（鍛冶屋）を殺し、柴をかぶせて逃げた者があってから、このような風習が行われるようになったという（『綜合日本民俗語彙』第二巻、七〇九頁）。

またシバトコではなく、シバドコと濁音で発音しているところが島根県出雲地方にある（『日本方言大辞典』、一一〇一頁）。シバドコはたぶんシバトコの転訛であろう。ただ奇妙なことに、この地方ではシバドコに「死場所」の漢字を当てて、死人のあった家、葬式のある家をそう呼んでいる。シバドコといわずにたんに「シバ」ともいう。シバドコに「死場所」の漢字を当てているところをみると、シバドコロがつづまってシバドコと発音されるようになったのだろう。また葬式の費用を「死場料」（シバリョウ）、葬式のときに用いる米を「死場米」（シバゴメ）という（『綜合日本民俗語彙』第二巻、七〇九頁）。いずれも「柴」ではなく「死場」の漢字を当てているのが特徴である。

「柴」と「死場」は発音は同じでも意味がまるで異なるといわれるかもしれない。たしかにそのとおりである。しかしいまみてきたように、柴が死者とその供養に深くかかわっていることを考えると、まんざら無関係ともいえないようである。「死場」という漢字を当てているけれども、もとは「柴」ではなかったかと推察される。これは一見、語呂合せのようにもみえるが、柴は「死場」にも通じるほど死者の葬送に深くかかわっていたのである。したがって「死場料」は「柴料」、「死場米」は「柴米」が本来の意味ではないだろうか。岡山県の一部で葬式の費用をシバニュウヨウといっているのも参考になる。シバニュウヨウに漢字を当てればおそらく「柴入用」で、「柴料」とは同じような意味である。

シバに「死場」の漢字を当てるのは、たぶん柴のもとの意味が失われたためであり、「柴料」「柴入用」「柴米」などのことばから察するに、柴は葬式には欠かせないことから、葬式を象徴するものと考えられたのだろう。

このように柴とり神は柴折り神、柴神、あるいはシバトコ（シバドコ）などさまざまな名称で呼ばれているが、柴とり神の風習に共通しているのは、柴が死者とその供養に深くかかわっていることである。この点は留意すべきで、しかも行き倒れになった死者の供養に柴を手向けるといっても、この場合の柴は供えるという感覚からはほど遠く、小野氏の指摘によれば、「大きな柴をうち重ねて置いて災厄霊を閉じ込めようとするかのよう」だという（前掲書、三頁）。柴の呪力には二面性があって、神のよりつく依り代にもなれば、逆に人間に災いをもたらす悪霊などを封じ込めるはたらきもあったらしい。肉体から遊離した死者の霊魂は人間に災いをもたらすこともある。だから死体を柴で覆い、柴の呪力によって霊魂の拡散を防いだのであろう。

火葬が一般化する以前は土葬とならんで風葬も行われていた。漢字の「葬」は「茻」と「死」とからなり、茻は原野のことで、「叢中に一時遺棄してその風化したものを収め、これを祭ること」が葬の本来の意味だとされる。複葬の形式があったことを示す字であるという（白川静『字統』、五四五頁）。また「葬《はぶ》り」の動詞形「葬る」は「放《はふ》る」と同根語のようで、要するに「葬」は、死体を野原に遺棄し、風雨にさらして自然に消滅させるという風葬の慣習をあらわす漢字である。

風葬は日本では沖縄や奄美の例がよく知られている。また本土でも天皇や貴族の遺骸を殯宮《もがりのみや》におさめ、その期間が場合によっては数年という長きにわたるのをみると、これも一種の風葬といえないこともない。中国にかぎらず日本でも、かつて風葬が行われていたことが推測できるのである。

風葬の本来の意味は屍体を遺棄することである。とはいえ、やはりそこは人間のすることだから、ただ捨てるわけではなく、柴や草で屍体を覆い隠したことが推察される。原野に遺棄するとは、そこに自生する柴や草を刈り取り、それで屍体を隠すことでもあったのだろう。『名義抄』の葬の項には、「葬ハウフル、カクス、ハカ。殯ハブル」とあり、「葬」にカクス（隠す）という意味があるのは注目される。原野に屍体を遺棄するのは隠すという意味でもある。柴や草で屍体を覆い隠して、人の目に触れないようにすることが「葬」の本来の意味であったのだろう。

柴や草で屍体を隠す風葬は同時に原始的な殯《もがり》でもあった。その遺風は青山《あおやま》とか蒼柴籬《あおふしかき》と呼ばれる古い殯の慣習にみることができる。五来重氏によれば、青山は現在でも御霊あるいは疫神を祀る石清水八幡宮の青山祭りに残っているといわれる。これは八角形の忌垣に青木の枝を添え立ててかこんだもので、外見が青葉の山を立てたように見えることからこの名がある。またこれと似た形で、埋葬の墓上に大きな樒《しきみ》の枝を山のように立てておう殯は、紀州山地の高野山周辺に残存しているという（『続仏教と民俗』、二六頁）。とくに後者の例などは、柴や草で屍体を覆い隠した古い風葬の慣習をほうふつとさせるもので、その遺風を今日に伝えるものといえよう。

このように、かつてわが国でも風葬の慣習があったことは、青山や蒼柴籬などの原始的な殯の風習によってもうかがうことができる。

死者の霊魂を封じ込める

風葬は屍体を柴や草で覆い隠して人の目に触れないようにすることである。ただ誤解のないようにことわっておくと、人の目に触れないようにするといっても、たんに視覚的に遮断するということではなく、柴や草の呪力で死霊を封じ込めるという意味でもあったはずである。もしこの推測に誤りがなければ、これは屍体の上に柴をかぶせる柴とり神の風習ともおそらくつながってくる。

折口信夫は「餓鬼阿彌蘇生譚」という論考のなかで、「植物の枝は着物同様、屍を蔽う為に投げかけられたのである。此が柴立て場・花折り阪の起こりである」と述べている。植物の枝、つまり柴で死体を覆ったことが柴立て場や花折り阪の起源であったという。柴立て場・花折り阪はおそらく行き倒れになった死者を葬った場所であり、柴とり神の別称ともいえる。屍を覆うために柴を投げかけるのは、柴の呪力でその霊魂を封じ込めるという意図があったのだろう。

これは岩手県江刺郡の昔話「ひょっとこの始まり」の一場面についてもいえることで、山へ柴刈りに行った爺さんが大きな穴を見つけ、柴でその穴をふさごうとするのと発想は同じである。柴には死者の霊魂や人間に災いをもたらす悪霊などを封じ込める呪力があると信じられたのである。折口のいう柴立て場・花折り阪は死者の霊魂を封じ込めた場所であり、山道の入口や峠、あるいは交通の難所など、要するにこの世における境界でもあったのだろう。境界には行路者の安全を守る柴とり神などが祀られていたが、柴とり神の風習はどうやら柴の呪力によって死者の霊魂を封じ込めることからはじまったようである。

柴のほかに石や岩などにも悪霊や災厄霊を封じ込める呪力があると信じられた。石についてはイシムチミショレの風習のところでみたように、大岩の下に石を投げて通れば無事に通り過ぎることができるとされる。これも石の呪力によって悪霊や災厄霊を封じ込めようとするもので、柴で屍を覆うのと動機は同じである。

石の呪力に先行するのは、たぶん岩の呪力であろう。岩の呪力については『古事記』に出てくる千引の岩がよく知られている。イザナキは亡き妻イザナミを連れもどそうと黄泉国を訪問する。闇のなかで一つ火をともして見ると、妻の身体はすでに腐りかけている。妻の変わり果てた姿に恐れをなしてイザナキが逃げ出すと、黄泉国の醜女たちがあとを追いかけてくる。イザナキは追跡をかわしながらこの世との境である黄泉比良坂《よもつひらさか》まで逃げてきたところで、千引の岩を引いてきて、その坂をふさいでしまう。千引の岩は千人がかりで引くような大岩という意味だが、この大岩は道から悪霊を追い返したという意味で「道反之大神《ちかえしのおおかみ》」と名づけられたという。

この話からわかるように、岩には悪霊を封じたり、境界をふさいだりする呪力があると信じられていたようである。岩が砕けて小さくなったのが石だとすれば、石の呪力もつまるところ岩の呪力に発するとみていいだろう。岩に呪力があれば、それを小さくした石にも呪力があると考えるのはごく自然な発想である。

ちなみに石がさらに小さくなったのが砂である。砂は古代ではイサゴ（以左古）とかスナゴ（須奈古）と呼ばれていた。イサゴは「石子」という意味であろう。『岩波古語辞典』もイサゴを石子の意味だとしている。『和名抄』の説明では、砂は「水中細礫也」とあり、水中にある細かい礫《さざれいし》のことだという。石が水流に砕かれて小さくなったのが礫だから、砂はいわば石から生まれた子ともいえる。砂がイサゴ（石子）と呼ばれるゆえんであろう。岩から石が生まれ、石から砂が生まれた。逆に砂が石に、さらに石が岩に成長するとも信じられた。石が成長する話は柳田国男の『日本の伝説』や折口信夫の言説によってもよく知られている。

ともかく岩から石が生まれ、逆に石が成長して岩になるとすれば、石の呪力も岩の呪力も結局は同じとみられる。また岩と石の関係は、樹木でいえば幹と枝の関係に似ている。岩と同様に木にも呪力があって、その呪力は幹にとどまらず枝葉の先端にまで及んでいる。木の枝は柴であり、柴は木の一部でもある。それは石が岩の一部であるのと同じで、柴の呪力も木の呪力に由来すると考えられる。

木と岩はいずれも大地に出自をもち大地に属している。木は大地に根を張り、岩もその一部が大地に食い込んでいる。大地は母なるものとして、ものを生み出す根源的なエネルギーの源泉であり、神話的には女性原理そのものにほかならない。木や岩は大地を母性として生まれ、女性原理の具体的なイメージをあらわしている。木や岩に呪力があるのは、そのエネルギーを大地から付与されているからであって、柴の呪力もせんじつめれば、大地の母性原理のひとつのあらわれとみることができる。柴の呪力は母なる大地からの贈物である。

行路者の安全を守る神

さて、ここでふたたび柴とり神に話題を転じると、宮崎県東臼杵郡椎葉村に伝わるシバドコの風習は屍体に柴をかぶせることからはじまった。柴には呪力があることから、死体に柴をかぶせて死者の霊魂が拡散するのを防いだのである。また魂の抜けた屍体には他の霊魂が入りやすい。とりわけこの世に恨みや未練を残して死んでいった人間の魂は怨霊となって入るべく骸《むくろ》をもとめてさ迷っている。屍体に柴をかぶせるのは、ひとつには柴の呪力によって怨霊から屍体を守るためでもあったのだろう。

このように柴は死者とその供養に深くかかわっていた。とくに柴とり神やシバドコの風習からうかがえるように、柴には呪力があり、その呪力によって人に災いをもたらす悪霊や災厄神を封じ込めたり、または無害なものに変えることができると信じられたのである。死者の魂は歳月を経て清められ、死の穢れも払拭され、やがて神として崇拝されるようになる。

これと同じように、もともと災厄神であった柴とり神もまた歳月を経ることで無害化され、逆に行路者（道行く者）の安全を守る神へと昇華された。これが峠や山道の入口に祀られた柴とり神である。柴とり神は悪霊を脱して、行路者の安全を保障する守護神として崇拝されるようになり、そこから行路の安全を祈って柴とり神に柴を手向ける風習がうまれる。かくして屍体を隠すために投げかけられた柴は、一転して神への供物と解釈されるようになったのである。

また柴とり神には山の神のような性格もうかがえる。実際、柴とり神を山の神と信じている地方は少なくないし、愛媛や高知、それに九州の一部の地方では、獲物があれば射止めた獣の心臓の端を柴神様に供えるところも多い。柴神様は柴とり神の別称で、山の神だとされる。鹿児島県では山に行くときはかならず山の神に柴を供えるという（『綜合日本民俗語彙』第二巻、七〇七〜八頁）。

山の神は山に偏在する神霊が神格化したもので、柴とり神はこうした原始的な山の神から発展したとも考えられる。柴とり神が祀られているのは山道の入口や峠、それに交通の難所であり、さきほど紹介した奄美大島龍郷町戸口のイシムチミショレの例では、黒い大岩が突き出た難所に柴とり神が祀られていた。そこはみるからに山崩れなど惨事が発生しそうな陰鬱な場所である。古代では山崩れや雪崩などは山の神のしわざと考えられていた。

山の天気は不安定で変わりやすい。いままで晴れていたとかと思うと、にわかに雲行きがあやしくなり、大粒の雨が降り出すことも山ではめずらしくない。そして雨が降り続けば地盤がゆるみ、土砂崩れも発生しやすい。こうした山に特有な自然現象や自然災害を、古代人は山の神のしわざと考えたのである。『日本書紀』景行天皇のくだりには、日本武尊《やまとたけるのみこと》が東征の帰途、伊吹山の山の神に苦しめられる話が語られている。山の神は大蛇に変身して武尊の前進をはばもうとする。それとは知らずに尊が大蛇を踏み越えて進むと、「時に山の神、雲を興《おこ》して氷《ひ》を零《ふ》らしむ」とあり、山の神が雲を起こし、雹《ひょう》を降らせて尊を苦しめたという。山の神は山の天気を自在にあやつることができると考えられていたのである。

山道を無事に通り過ぎるには山の神の機嫌をそこねないことが肝要である。とくに山道の入口や峠、それに交通の難所などはこの世における境界とされ災難に遭遇しやすいことから、行路の安全を祈って手向けが行われた。そこから境界を守る神、行路の安全を守る神が誕生する。それが塞《さえ》の神で、塞の神は古くはクナトノカミとかフナトノカミなどと呼ばれた。クナトはフナトの転訛で、要するにクナトノカミもフナトノカミも同じ境界に祀られる神であり、山の神の類族もしくは眷属である。旅人は塞の神に幣や木綿畳を手向けたり、持参した弁当の乾飯《かれいい》を供えたりして行路の安全を祈った。『万葉集』には、塞の神に旅の安全を祈って詠んだとされる有間皇子《ありまのみこ》の歌がおさめられている。

家にあれば　笥《け》に盛る飯を　くさまくら　旅にしあれば　椎の葉に盛る

（巻二―一四二）

皇子は蘇我赤兄《そがのあかえ》の奸計にかかり、謀反人のぬれぎぬを着せられたあげく処刑された。弱冠一九歳であった。この歌は紀の湯（白浜温泉）の斉明天皇のもとに護送される旅の途次に詠んだとされる。

この歌のポントは末尾の「椎の葉に盛る」である。旅先では食器のかわりに木の葉に乾飯を盛って食べることもあった。しかし椎の葉のような小さな葉に飯を盛るのは皇子自身が食べるのではなく、塞の神に供えるためである。「家にいるときでしたら正式な食器で差し上げるのですが、なにぶん不自由な旅のことですから、椎の葉でお許しください」という意味だとされる。皇子は状況から判断して死を覚悟していたはずで、その皇子が旅の安全を祈って塞の神に飯を供えるのは皮肉としかいいようがない。皇子の悲痛な思いが、この歌にはこめられているのである。

それはともかく、行路の安全を祈って塞の神に飯を供えることが日常的に行われていたことは、この歌からも推察できる。こうした儀礼がのちの柴とり神の風習につながるわけで、すると柴とり神の前身は塞の神であり、その起源は山の霊威を信じた古代にまでさかのぼることができるのではないだろうか。愛媛や高知、それに九州の一部の地方で柴とり神を山の神と信じているのはその名残りであろう。

柴を敷いた寝床

再三述べるように、塞の神が祀られているのは山道の入口、峠、交通の難所などである。そこはまたこの世における境界であり、行き倒れになった死者が葬られる場所でもあったらしい。旅人が行路死人の屍体に柴をかぶせたり、柴を手向けたりするうちに、死者の霊魂もしだいに清められていく。山道の入口をはじめ峠や交通の難所には古くから塞の神が祀られていたが、この塞の神に行路死人の浄化された霊魂が習合されて、柴とり神とか柴折り神などと呼ばれるようになったのであろう。

古代の旅は過酷であり、つねに死と隣り合わせであった。携行した糧食がつきて餓死することもあれば、旅の疲れから病に倒れることもめずらしくなかった。『万葉集』には道の片隅に打ち捨てられたように横たわる行路死人を詠んだ歌が散見される。次に引用するのは山上憶良の長歌の一部で、見知らぬ異郷の地で道端に身体を横たえながら、ひとり静かに死を迎えようとする旅人を詠んだ歌である。

……玉桙の　道の隅回《くまみ》に　草手折り　柴取り敷きて　床じもの　打臥《こ》い伏して　思ひつつ　嘆き伏せらく　国に

あらば　父とり見まし　家にあらば　母とり見まし　世の中は　かくみならし　犬じもの　道に伏してや　命過ぎなむ

（巻五―八八六）

まず大意を記しておく。道のすみっこに草を手折り、柴を取って敷いて床のようにして伏せながら悲しく思うのは、故郷にいれば父が、家にいれば母が看病してくれるだろうに。世の中とはとかくこうしたもので、犬のように道端に伏して命を終えることだろう。

ここで私が注目するのは、「道の隅回に　草手折り　柴取り敷きて　床じもの　打臥い伏して」という表現である。当時は旅人が病に倒れると、草を手折り、柴を敷いた寝床に寝かされていたことが想像される。「床じもの」は「床のようなもの」という意味で、草や柴を敷いただけの即席の寝床をそう呼んだのである。草や柴を敷いた寝床というと、いかにもみすぼらしいようだが、しかし家で寝るときも似たようなものであった。当時の庶民が住んでいたのは竪穴住居である。竪穴住居は地面を一メートルほど掘りくぼめて、その上を草屋根で覆った住宅のことで、床《ゆか》は土間であった。寝るときは土間にムシロを敷いて横になったのである。ムシロは今日の敷布団に相当すると考えればわかりやすい。下層民の場合はムシロのかわりに藁を敷いて寝ていたことが山上憶良の「貧窮問答歌」に出てくる。

伏廬《ふせいほ》の　曲廬《まげいほ》の中に　直土《ひたつち》に　藁解き敷きて　父母は　枕の方に　妻子等は　足の方に　囲《かく》み居て……

（巻五―八九二）

伏廬は竪穴住居のことで、「曲りゆがんだ小屋の土間に藁を敷いて、父母は頭の方に、妻や子供たちは足の方に取り囲んで」とあるように、ここには土間にじかに藁を敷いて寝る貧しい家族の生活の一端が描かれている。日常生活でも当時の庶民は土間にムシロや藁を敷いただけの寝床で寝ていたのである。だから病に倒れた旅人が草と柴を敷いた床に寝かされていたとしても不思議ではない。

ただここで注意したいのは、ムシロや藁を敷くにしろ、草や柴を敷くにしろ、それは土地の神霊と交わるための作法でもあったということだ。白川静氏は、「宿る」という行為は、もともと本所を離れた旅のことであり、他の土地の神霊に接する行為であると述べている。そして草を敷いて寝ることも、廟中にムシロを敷いて臥するにしても、いずれも神霊と交わることを意味するのだという（『白川静著作集』7、三一八頁）。

古代では夜と昼の対立は鮮明で、それは聖と俗の対立に置き換えることができる。寝るという行為は、いわば聖なる時間に入ることであり、魂のはたらきを活発にすることであった。さきほどの山上憶良の長歌にあったように、病に倒れた旅人が草と柴を敷いた床に寝かされていたのは、異郷の地にあって、その土地の神霊と接するために必要な手続きであった。だからここでいう草と柴を敷いた寝床というのは、実は寝具というよりも神霊と交わるための神聖な敷物であり、呪物とみたほうがいい。古代人は、病にかかるのは魂が衰弱したせいだと考えた。病に倒れた旅人が草と柴の床に寝かされていたのは、土地の神霊と接触させることで衰弱した魂を活性化させるためであり、一種の呪術とみることができる。病人の魂が活性化すれば、それが病の恢復につながると信じられた。あるいはまた柴の青葉やさわやかな香りには邪気をはらう呪力があることから、青柴を敷いた寝床が病人を悪霊邪霊から守ってくれるという意味にもなる。

しかしその効果もむなしく旅人の命がつきると、柴を敷いた寝床はそのまま死の床にもなったらしい。

伊藤博氏は『萬葉のいのち』のなかで、「行路病者は穢れある者として忌み嫌われ、村はずれの道角に、捨てるように横たえられるのを常とした」と述べている（一五四〜五頁）。さきの山上憶良の長歌はまさにそうした状況を詠んだ歌で、行路病者は草と柴を敷いた寝床に寝かされていたが、ひとたび息を引きとれば、草と柴の寝床は死者の霊魂の拡散を防ぐ呪的な意味を帯びることにもなったのだろう。そしてかたわらを通り過ぎる旅人は死者に柴をかぶせたり、柴を手向けていったにちがいない。行路死人に明日のわが身を重ねながら。これがのちにシバトコの風習や柴とり神の風習に発展したものと考えられる。

地霊と接する作法

行路死人の屍体に柴をかぶせたり、柴を手向けたりするうちに、死者の霊魂はしだいに清められていく。柴に呪力があるように歌にも呪力があって、旅人は行路死人に歌を手向けることで死者の霊魂を慰めたのである。それがまた旅の安全祈願にもなった。行路死人歌はいわば死者の霊魂を慰める鎮魂歌であり、その意味では柴とり神の風習とも通底している。

すでに述べたように、柴とり神は柴を手折って神に捧げることからそう呼ばれる。しかし柴を手向けるのは、元来は柴の呪力によって災厄神や死者の霊魂を封じ込めるのが目的であり、それがいつしか本来の意味が忘れられ、逆に神を喜ばせるものと解釈されるようになった。柴とり神はもとは人に災いをもたらす災厄神であったが、それがのちに行路の安全を守る守護神へと昇華されたのである。これは人間の側からみれば、忌避すべきものから歓迎すべきものへの転換であり、柴の呪力が負のエネルギーから正のエネルギーに転換されたと考えることもできる。

昔話「ひょっとこの始まり」では、山へ柴刈りに行った爺が大きな穴を見つける。こんな穴には悪いものが棲むといって柴で穴をふさごうとするが、柴はするするとなかに入ってしまい、ふさぐことができない。それどころか意外なことに、穴のなかから美しい女が出てきて柴の礼をいわれる。柴の呪力で悪霊を穴に閉じ込めようとした爺の期待はみごとに裏切られたわけで、ここには柴が悪霊邪霊を封じ込める呪力のあるものから、神への捧げ物に変貌する過程があざやかに表現されているように思う。言い換えれば、柴の呪力が負のエネルギーから正のエネルギーに転換されたことを示している。

ひるがえってみれば、呪力はもともと両刃の剣であり、扱い方しだいで人間にプラスにもなればマイナスにもなる。柴とり神の風習は柴の呪力をプラスに転じたものだが、そのほか猟師のあいだに伝わるシバウチ（柴打）の風習なども柴の呪力を利用した儀礼ということができる。鹿児島県肝属《きもつき》郡高山町では、猟師が山に野宿するとき、柴で入用な場所を打ち回り、山の神から地面を借りる。これと同じような風習は近くの百引村にもあり、ここではシバサシといって、人数に応じて二坪または三坪の地の四方に柴を挿して、山の神に「宿を貸してください」といって泊まる。こうすれば何事もないという（『綜合日本民俗語彙』第二巻、七〇七頁）。

山は山の神の領分に属しているから、山に野宿するときは神に許しを得なければならない。シバウチやシバサシはそのために行われる儀礼だが、柴で地面を打ったり四方に柴を挿すことで、その領域が山の神の保護下にあることを示しているのだろう。もう少し具体的にいえば、柴で地面を打つのは、柴の呪力によって大地にひそむ悪霊や邪霊を退散させて、安全な場を確保するという意味がある。またシバサシの場合は地面の四方に柴を挿すことで、周囲には目に見えない結界が生じ、その結界が悪霊の侵入を阻止してくれると考えられたにちがいない。地面の四方に挿した柴が結界を標示しているのである。シバウチもシバサシも柴の呪力によって悪霊・邪霊の侵入を阻止して安全な場を確保するのが目的であり、柴の負のエネルギーを逆に利用した儀礼ということができる。

さきほど引いた山上憶良の長歌は、病に倒れた旅人が草と柴を敷いた床に寝かされていたことを詠んだ歌である。寝かされていたというよりも、みずから草を手折り、柴を敷いて臥していたというべきかもしれない。おそらく旅人が野宿するときも、同じように草や柴を敷いて寝床にしたのだろう。これはすでに述べたように、異郷の地にあって、その土地の神霊と接するための作法であった。次に引く『万葉集』の山部赤人の歌なども土地の神霊との交流を詠んだものと考えられる。

春の野に　すみれ摘みにと　来し吾ぞ　野をなつかしみ　一夜寝にける

「野をなつかしみ　一夜寝にける」とは、野に宿る土地の神霊と交流するという意味であり、これをそのまま、「すみれを摘み、野をなつかしんで一夜を明かす」と訳したのでは、たんなる少女趣味のような歌になってしまう。

ともかく、野宿するとき草や柴を敷いて寝るのは、土地の神霊と交流するという意味があったのである。そもそも寝るとは大地に横たわることであり、それは大地に最も接近する姿勢である。土地の神霊と接するのはこうした姿勢とも関係があって、大地の上に敷かれた柴が人間と地霊との交流を媒介すると考えられた。寝ているあいだ人間の魂は肉体から遊離して活発に活動する。神霊と交流するのはその魂であり、柴を敷いた寝床にはそのはたらきをうながす呪力があったらしい。

猟師のあいだに伝わるシバサシやシバウチの儀礼も、元来は土地の神霊と交流するための作法であったのだろう。それがかたちをかえて、土地の神から地面を借りると理解されるようになったのではないかと私は考えている。

シバウチやシバサシに似た儀礼はほかにもある。結界を標示するという点では、建物を新築するときに行う地鎮祭もシバサシの儀礼とよく似ている。敷地の中央に笹竹を四本立て、御幣のついたシメを張る。笹も柴や榊と同様に神聖で呪力があり、それを立て、シメを張ることで結界を標示する。結界の内部は土地の神から譲り受ける敷地を象徴しているのだろう。いまでこそ地鎮祭といえば工事の安全を祈願する儀式のように思われているけれども、本来は地神から土地を譲り受ける儀礼のことであり、シバサシの儀礼とは軌を一にしている。

柴刺神事

柴や榊を刺し立てて行う柴刺神事や忌刺《いみざし》（斎刺）神事なども、シバウチやシバサシと似たような儀礼である。柴や榊を刺すことで周囲に結界が生じ、内部が神聖な祭場となる。柳田国男は『日本の祭』のなかで和歌山県岩出村の岩出大宮に伝わる斎刺《よみざし》神事にふれ、毎年八月朔日《ついたち》の夜の真暗闇に、榊の木をかついで村の東西の両端に持って行って立てるが、この榊の葉には「ありがたい力」があると信じられているという。榊の葉は、前にもいったように柴と同義で、また「ありがたい力」とは呪力や霊力のことであろう。榊（柴）には呪力があって、それを村の東西の両端に立てることで村全体が祭場と化す。柳田も、斎刺とは「忌の木を境の地に刺すことで、これを刺し立てるとその木から中が、祭を営むにふさわしい浄いところになるという意味であろう」と述べている（『定本柳田國男集』第十巻、一九八頁）。柴刺神事や忌刺神事では、柴が日常のケガレをはらい神聖な祭場を確保するなど、祭りの中心的な役割を果しているのである。

柴刺神事や忌刺神事は文字通り柴を挿すことからそう呼ばれる。島根県出雲地方で葬式のある家をシバというのはすでにふれたが、これもかつては家の入口に柴を立てたり、屋敷のまわりを柴垣でかこんだことが想像される。家に柴を立てたり、家の周囲を柴でかこむのは、死のケガレが外部に漏れないようにすると同時に、外部から悪霊や邪霊が侵入するのを防ぐためでもあった。家に柴を立てたり、柴で屋敷の周囲をかこむのは見た目にも特徴があることから、葬式のある家をシバと呼ぶようになったのだろう。

しかしシバと呼ばれるのはかならずしも葬式のある家だけとはかぎらないようである。小野重朗氏によると、鹿児島県南東部に位置する大隅半島南部の佐多、根占、大根占、田代の各村では部落の神事や祭事をすべてシバといい、田植上りのシバ、お釈迦様の日までシバと称している。たとえば根占町川北、貫見の田植上りのシバでは、旧六月の中旬すぎに集落の家々が田植を終えると、青年が相談して各戸に「シバ」をふれてまわる。シバになると鍬止めで肥料にも触れず、牛馬の草を一篭刈ることだけが認められており、仕事は一切休んで家で静かにすごす。また死人があると、集落全戸が「二日シバをする」「三日シバをする」などいって、やはり仕事をせずに家のなかにこもるという

(『増補農耕儀礼の研究』、四二四〜五頁)。

このように葬式にかぎらずさまざまな物忌みをシバと呼んでいるのは注目すべきで、シバは広い意味での物忌みの日と考えられていたようである。

柴が物忌みと深いかかわりがあることはほかの事例でも確認できる。『北野天神縁起』巻下には「柴の庵」を結んで神を祀った話が出てくる。天慶五年(九四二)七月、京七条に住む文子《あやこ》なる賎の女に神がくだって、菅丞相《かんじょうしょう》の霊なりと名乗り、右近馬場に聖廟を建てて祀るべしとの託宣があった。文子は託宣のとおり柴の庵を結んで五年のあいだ神を祀っていたのを北野にうつしたという。

よく知られているように、『北野天神縁起』は京都北野天満宮の祭神菅原道真が神に祀られるにいたる次第を語った縁起である。ここに出てくる「柴の庵」は文字通り雑木などの柴でつくられた庵のことで、一般には粗末な小屋の代名詞とされる。しかし一方では、柴の庵には俗世から隔離された非日常的な住まいという意味合いもあったらしい。柴には呪力があることから、そのたたずまいが神聖な空間を標示しているのである。ここでいう柴の庵はまさに神を祀るにふさわしい祭場とみるべきだろう。

また柴の庵には月経や出産のとき女がこもる忌み屋とか別屋という意味もあったらしい。説経節の『さんせう太夫』には、由良の長者が「あれらきやうだいの者どもをば、三の木戸のわきに柴の庵を作って、年を取らせい」といって、門の近くに柴の庵を建てさせて、その庵で安寿と厨子王に大晦日の晩の年取りをさせたことが述べられている。あたかも忌み穢れた者でもあるかのように、姉弟を柴の庵に隔離したのである。この場合の柴の庵が粗末な小屋であることとは間違いないとしても、そこには忌み屋とか別屋というニュアンスも感じられる。大晦日の年取りは一種の物忌みであり、されば姉弟を柴の庵に隔離して年取りをさせたとも考えられる。

このように柴の庵はたんに粗末な小屋にとどまらず、祭祀や物忌みのための神聖な空間でもあった。かつて神を祀ったり、物忌みをするには柴の庵を結んだことが推察されるのである。

柴の庵と「女の家」

常磐地方には六月二十一日に青ススキの箸をつくり、うどんを食べる行事がある。同じ日、茨城県の鹿島神社では祭神にススキの箸を供え、青草で屋根を葺いて祀る神事がいとなまれる。青草で屋根を葺くのは、柴の庵を結んで神を祀った古い風習の痕跡とみることができる。

また五月五日を女の家、あるいは葺きごもりといって、蓬《よもぎ》や菖蒲を屋根に刺す風習は全国にみられる。これももとは屋根を葺いた名残りであろう。たとえば土佐の本山町吉延の伝承では、実際に女性が蓬や茅や菖蒲で屋根を葺いたことが報告されている（五来重『続仏教と民俗』、一八五頁）。さらに時代をさかのぼれば、おそらく屋根を葺くだけでなく小屋そのものが建てられたにちがいない。これを「女の家」というのは、田植に先立ち、五月乙女になる女性が家にこもることによるらしく、忌みごもりのためには柴の庵がつくられたのだろう。女性が蓬や茅や菖蒲で屋根を葺いたという伝承は、そのことを示唆しているようである。

さきほどもいったように、柴の庵には忌み屋とか別屋という意味もあった。出産のために女性がこもる産屋もまた忌み屋の一種であり、しかも昔は女性みずからの手でつくられ、男性を近づけなかったらしい。これは『古事記』上巻にある豊玉毘売命《とよたまびめのみこと》のお産の話からも想像できる。トヨタマビメは海神の娘で、夫の火遠理命《ほおりのみこと》のあいだにできた子を産むために海辺の波打ち際に産屋を建てる。鵜の羽で屋根を葺いていると、にわかに陣痛がはじまった。ヒメは「異郷の者は出産するとき本国の姿になって子を産むので、私の姿をごらんにならないでください」と夫にクギを刺して産屋にこもり、おなかの子を産んだ。産屋の屋根がまだ葺き終わらないうちに生まれたので、子供の名を鵜草《うがや》葺不合《ふきあえずの》命《みこと》と命名したという。

これは神話だが、さりとてたんなる架空の話とも思えない。ここには古代の出産の習俗が少なからず反映されているとみるべきだろう。産屋もまた忌みごもりの小屋であり、要するに柴の庵であったことが推測できる。女性の手でつくられ、男性が近づくのを許さないところなどは、まさに「女の家」を思わせる。もっとも、柴の庵は屋根をすき、茅、菅などの草で葺くのがふつうで、鵜の羽で葺くのは特殊である。いずれにしても産屋が忌み屋であり、柴の庵であったことはトヨタマビメのお産の話からも想像できる。

柴の庵はのちに簡略化されて、わざわざ庵を建てるかわりに、既存の家に柴を立てたり、家の周囲を柴垣でかこむようになったのだろう。

柴垣といえば、大隅半島に伝わる正月行事の「柴祭り」も興味深い。柴祭りに関しては小野重朗氏の詳細な研究があるので、それを参考にすると、この地方では正月を迎える前に垣作りという作業が行われる。屋敷をブロック塀でかこうようになる以前は、家々では大晦日までに屋敷のまわりに新しく垣を結う習慣があった。材料はイサラという竹笹も用いるが、山からシイやカシの大きいのを切ってきて、これを立て回して柴垣をつくるのが一般的で、この作業を垣普請とか壁作りなどといって年末の重要な仕事とされていた（『増補農耕儀礼の研究』、四三三頁）。柴垣をめぐらすのは正月始めに集落や民家の人々を襲う鬼や魔物を防ぐのが目的のようで、ともかく家の周囲を柴垣でかこんだり、柴を立て回したりするのは、柴の呪力によってケガレや悪霊・邪霊などの侵入を阻止するという意味があったのである。

そして年が明けると、いよいよ柴祭りがいとなまれる。これは山にいるシバンカン（柴の神）を山上または集落内の神社に迎える祭りで、この祭りが終わるとシバンクッ（柴の口）が開いたといって、山に入って山仕事をしたり猟をしてもいいことになる（同前、一一四〜六頁）。これは山の口開けの儀礼だが、ここでいう「柴の口」とは何を意味しているのだろうか。小野氏の説明では、「何本もの柴を立て回してある所」の意味ではないかという。だとすると、これもまた一種の柴垣であり、それも原始的な柴垣といえるだろう。柴垣の最古のかたちは、柴を立て回すことからはじまったらしい。柴垣の内部には祖霊がいて、外部に出るのを柴垣が防いでいるのである。祖霊のもつケガレを恐れ、その活動を制限するために閉じ込めておくのが柴垣、つまり柴の口である。柴祭りというだけあって、祭りの要所で柴が重要な役割を演じている。家の周囲に柴垣をめぐらしたり、柴の口という柴垣の内部に祖霊を閉じ込めたり、要するに物忌みや祭祀の中心に柴があるのは見逃せない。

柴と物忌み

柴と物忌みにかかわる儀礼をもう二、三例あげて、この章の締めくくりとしたい。

永松敦氏は、中世から近世にかけて神社には「柴」という物忌みの期間があったと述べている。重要な相談や話し合いなどはわざわざ「柴」の期間を避けて行われたらしい。たとえば『上井覚兼日記』天正二年（一五七四）八月二十六日条には、薩摩国一宮新田神社における神官の養子取りをめぐる相論について老中たちが談合することになったが、あいにく新田神社が御柴の期間中なので、それが過ぎてから行われたことが記されているという（『狩猟民俗と修験道』、一三〇～一頁）。

ここでいう御柴も物忌みのことである。このようにシバには物忌みという意味があり、もとは実際に屋敷に柴を立てたり、柴垣をめぐらしたらしいことは柴刺神事や忌刺神事、さらには南九州に伝わる柴祭りなどの事例からも推測できる。シバの期間中は外出をひかえ、仕事もせずに家のなかにこもる。談合などはむろんのこと、外部との接触をことごとく遮断するのである。

家の入口に柴を立てたり、屋敷の周囲を柴でかこむのは、柴の呪力によって悪霊やケガレなどの侵入を防ぐためだが、興味深いことに、これは生きた人間に対しても行われた。勝俣鎮夫氏の『一揆』によると、中世後期の百姓の一揆や逃散に関する資料には「篠《ささ》を引く」とか「柴を引く」という語が散見されるといい、これは家の出入口に篠や柴を引き、農民が屋内に籠居して年貢の取り立てに対抗する手段であったという（一三八～九頁）。篠は柴とならんで『神楽歌』の採物九種のうちのひとつであり、もともと神聖で呪力を帯びていることは柴と同じである。神聖な篠や柴が立てられると屋内は聖域化し、たとえ領主といえども勝手に立ち入ることは許されなかったらしい。

永松敦氏も「柴を引く」慣習にふれ、これは農民と領主の対立にかぎらず領主間の対立でも行われたと述べている（「薩摩・大隅地方の柴の宗教性」）。家の出入口に柴を立てたり、一定の領域を柴でかこうことで、そこが一種の聖域とみなされ、何人たりとも立ち入ることができなかったのである。もっとも、柴は葉が枯れると効力が失われたというから、そのみずみずしい青葉に呪力を認めていたようである。柴とり神の風習や柴刺神事なども同様で、やはり葉が枯れると柴の効力は失われた。

柴とり神の風習をはじめ、猟師のあいだに伝わるシバサシやシバウチ、それに忌刺神事、いまふれた「柴を引く」風習の儀礼では、柴といっても葉がついていることが肝要で、青柴そのものに呪力を認めていたようである。柴の特徴である艶やかな青葉とさわやかな香りは、古代人の発想に引き寄せていえば、自然の生命力のあらわれであって、それは同時に邪気やケガレを祓う一種の呪力とみられていた。

『日本書紀』の伝えるところによれば、反正天皇の宮居は「多治比の柴垣宮」と呼ばれ、崇峻天皇は「倉椅の柴垣宮」に住まいをいとなんだとされる。これは高取正男氏が「生け垣・柴垣・卯ノ花垣」という論考のなかで指摘している。柴垣宮とは柴を束ねて立てならべ籬《まがき》として庭をめぐらした宮居のことで、この場合の柴も枯柴ではなく常緑樹の青葉をつけたままの小枝をいう。そのたたずまいは京都市西北部、伊勢斎王の野宮の跡である嵯峨の野宮神社の小柴垣などから推測できると高取氏は述べている（『高取正男著作集』4、六二頁）。野宮神社にみられる小柴垣は、社殿が造替されたとき山から伐りおろされたばかりの木々の小枝に、青い葉の少なからずついているのをそのまま立てならべたもので、その青葉の霊力が宮城の清浄を保持しているらしい。

しかし宮城の清浄を保つには外部のケガレが内部に侵入しないことが前提である。したがって小柴垣の柴にも悪霊やケガレなどの侵入を阻止するはたらきがあると考えられたのだろう。外部からやってくる悪霊やケガレなどを防御して、はじめて内部の清浄がたもたれるわけで、野宮神社の小柴垣は、これまで述べてきた柴の呪力を具体的に表現したものということができる。

このように、さまざまな儀礼や風習を通じてわかったことは、柴といっても葉がついていることが肝要で、青柴そのものに呪力を認めていたようである。いまふれた野宮神社の小柴垣も青葉のついた柴をそのまま立てならべたもので、したがって葉が枯れると、柴の呪力も同時に失われてしまうのである。

それにひきかえ、竜宮童子の昔話に登場する爺さんが刈り取る柴は葉のついてない柴がほとんどである。つまり枯柴か葉を切り落とした柴である。いずれにしても竈やイロリにくべる燃料用の柴であり、みずみずしい葉のついた青柴ではない。しかし序章でみたように、爺さんが刈り取った柴は年木として水界に奉納された。これは柴の呪力に対する考え方が若干変化したことを示すもので、葉のあるなしにかかわらず柴そのものに呪力を認めるようになったのである。青柴の呪力は枯柴や葉を切り落とした燃料用の柴にまで拡大されたといってもいい。

そして時代がくだると、燃料用の柴に薪や割木が追加され、それらを含め年神の依り代として正月の神祭りの呪具とされるようになる。至尊や目上の者に献上する御竈木は、それを発展させたもので、これも青柴の呪力がさらに薪や割木にまで拡大されたと考えることができる。

第二章　水と木の連合

樹木と山の神霊

柴は竈やイロリの燃料である以前に神聖な呪物であった。こうした柴のありようを具体的に語っているのが竜宮童子の昔話である。山へ柴刈りに行った爺さんが刈り取った柴を淵や洞穴に投げ込むと、それが神に感謝されて爺さんは福運をさずかることになる。燃料の柴が神への捧げ物に変貌するわけで、ここには柴の二面性というか、燃料になる以前の柴の実態がよく示されているように思う。薪も柴と同じく燃料であるとともに神聖な呪物として祭祀や儀礼でよく使われる。しかし薪が神聖視されるのは、前章の終りのところで述べたように、柴の呪力が薪にまで拡大されたためである。

柴と薪の違いについてはすでにふれたが、薪は木を裂いたことから「辟木《さきぎ》」とも呼ばれた。「辟」は劈（さく、へき）、あるいは闢（ひらく、へき）と同義で、辟木は裂いた木、つまり薪のことである。『延喜式』八・祝詞の「大殿《おおとの》祭《ほがい》」に関連して出てくる「屋船豊宇気姫命《やぶねとようけびめのみこと》」の注には束稲とならんで辟木の言葉がみえる。

こは稲霊なり。俗の詞にウカノミタマという。今の世、産屋に辟木・束稲を戸の辺に置き、また米を屋中に散ずの類なり。

これによると、古代の産屋は入口に辟木と束稲を置く習慣があったようである。産神や山の神が来ないことにはお産ははじまらないといわれるように、出産は神を迎えて行われる一種の神事であった。薪と束稲は産神や山の神の依り代であり、これらを産屋の入口に置いて神の降臨を祈ったのである。とくにこの場合の薪は正月の神を迎えるための年木にも通じるもので、燃料というよりも神聖な呪具と考えられている。

前章でも述べたように、柴の呪力は大地の母性原理のひとつのあらわれとみることができる。大地は母なるものとして、ものを生み出す根源的なエネルギーの源泉であり、柴の呪力も母なる大地からそのエネルギーを付与されている。そのあたりをもう少し具体的に考えてみることにしよう。

柳田国男は『日本の祭り』のなかで、祭りにはかならず木を立てると述べている（『定本柳田國男集』第十巻、一九三頁）。この木は依り代で、木には自然の生木から柱や鉾、幟などの人工的なものまでさまざまで、いずれにしても木を目印に神は訪れると信じられたのである。

しかし木が神の依り代とされる以前には、山に自生する樹木に山の神霊が宿るという古い信仰があったことも忘れてはならない。とくに巨木や老樹などは神木にふさわしいとされ、その周囲にシメ縄を張るなどして古くから祭祀がいとなまれてきた。この場合の巨木や老樹は神の依り代というよりもご神体そのものであり、巨岩や奇岩を神がよりつく神座とみなすのと考え方は同じである。樹木と岩は山に属し、また大地に属している。山や大地は神話的には女性原理、より正確には母性原理が具体的にあらわれる場であり、樹木も岩も母性原理のイメージのあらわれにほかならない。すると巨木や老樹をご神体としたり、あるいは巨岩や奇岩に神の顕現をみるのは神話時代からの伝統であり、その名残りといえる。そして祀られる神や神霊もまた遠く太古の地母神の系譜につながることも明らかであろう。

ともかく巨木や老樹をご神体とし、また巨岩や奇岩を神座として、その前で祭祀がいとなまれた時代があった。そこは天然の祭場であった。やがて祭場が山から里に移されるようになると、神や神霊を祭場までお迎えしなければならない。そのさい神や神霊のいわば乗り物として考案されたのが依り代である。最初は神木をそのまま根こじにして、つまり根のついたまま引いてきたらしい。これは山の神霊を勧請する方法としてはいささか乱暴だが、しかし一方では、神木もろとも神をお迎えするという素朴な気持のあらわれでもあった。柴や薪が神の依り代とされる以前は、神木を根こそぎ引き抜いてきた時代があったのである。

こうした風習が実際に行われていたことは『古事記』や『日本書紀』の記述からも推測できる。たとえばアマテラスの天の石屋戸こもりの説話などもそのひとつである。アマテラスはスサノヲの暴虐を憎んで石屋戸にこもってしまった。そのために天地は暗黒となり、さまざまな災いがおこるようになったので、神々は相談してアマテラスを石屋戸から引き出そうと祭祀を行った。祭祀の場面からその一部を引用してみる。

天の香山の五百津真賢木《いほつまさかき》を根こじにこじて、上枝《ほつえ》に八尺の勾璁の五百津の御すまるの玉を取り著け、中枝《なかつえ》に八尺鏡《やあたのかがみ》を取りかけ、下枝《しづえ》には白丹寸手《しらにきて》・青丹寸手《あをにきて》を取り垂《し》でて、この種々の物は、布刀《ふと》玉命《たまのみこと》太御幣と取り持ちて、……

天の香具山の枝葉の繁った榊を根こそぎ引き抜いてきて、石屋戸の前に植え立て、枝には玉飾り、鏡、幣などをかけて山の神霊を鎮め祀ったという。天の香具山に自生する枝葉の繁った立派な榊には山の神霊が宿っている。それを根ごと引き抜いてきて山の神霊を迎えるのである。

神木を根こじにする

生木を根こじにして神霊を祀った例は『日本書紀』にもみられる。神武天皇即位前紀に「丹生の川上の五百箇《いほつ》の眞《ま》坂樹《さかき》を抜取《ねこじ》にして、諸神を祭ひたまふ」という記述があり、丹生の川上にある多くの榊を抜取（根こじ）にして、もろもろの神を祀ったことが述べられている。また『山城国風土記』逸文にある「伊奈利の社」のくだりにも「社《やしろ》の木を抜《ねこ》じて、家に殖ゑて祷《の》み祭りき」とあり、社の木を抜（根こ）じて祭祀を行った話が出てくる。これは「餅の的」の説話として一般にもよく知られている。

このように神聖な木を根ごと引き抜いてきて神霊を祀った例はさまざまな文献によっても確認できる。また文献にかぎらず絵画資料にも根こじにした樹木を描いたものがあるので紹介しておこう。

円筒埴輪に描かれた線刻画。右端は根こじにした木（『風土記の考古学』より）。

京都府与謝郡加悦《かや》町の作山二号墳は有名な佐味田宝塚古墳と同時代の古墳である。そこから出土した円筒埴輪の線刻画には牡鹿と牝鹿のほか数本の樹木が描かれていて、そのうちの一本は根元が見えることから根ごと引いてきた木を描いたものと思われる。辰巳和弘氏の説明では、この絵画は聖なる樹林のなかで鹿が遊ぶ様子を描写したもので、神意を得るための祭場をあらわしているとされる（『風土記の考古学』、五六～七頁）。祭場にはかならず神木が立てられる。神木は神が宿る特別な木であり、そのために祭場まで根こじにして引いてきたのであろう。これはすでに紹介した『古事記』や『日本書紀』の説話をほうふつとさせるもので、昔は神木を根ごと引いてきて祭祀を行ったことがわかる。

神木を根こじにする例は遠い過去の話かと思っていたが、実は現代でもみられるようである。福島県勿来市錦町の熊野神社では八月一日に例祭が行われる。祭りのはじまる前に鉾立の行事があり、興味深いことに、この鉾は孟宗竹を二本根こじにしたものである。竹の太さも昔は一尺二寸（三六センチ）はあったというが、今はそれほど太くはないという（本田安次『神楽』、二〇六頁）。これは神木を根ごと引いてきた古代の伝統をいまに伝える貴重な祭りといえよう。

このように神の依り代は神木を根のついたまま祭場まで引いてきたことにはじまるようである。しかし依り代は神が示現するための媒体であるから、厳密には神木そのものを依り代ということはできない。これは依り代という考えが生まれる以前の古い神勧請の方法である。

木は大地に生えている毛

ともかく神木を根こじにして山から引いてくるのはかなりハードな作業である。古代人がそこまでこだわるのはなぜか。これには山や樹木に対する古代人一流の考え方があったようで、そもそも古代人は樹木を山や大地の一部と考えていたふしがある。たとえば『日本書紀』巻第一（一書第五）のスサノヲに関する次の記述などをみると、そのことがよくわかる。

……乃ち鬚髯《ひげ》を抜きて散《あか》つ。即ち杉に成る。又、胸の毛を抜き散つ。是、檜に成る。尻《かくれ》の毛は、是柀《まき》に成る。眉の毛は是櫲樟《くす》に成る。

スサノヲのヒゲを抜いて放つと、それが杉になった。また胸毛を抜いて放つと檜に、尻の毛は槙《まき》に、眉毛は樟《くすのき》になったという。これはスサノヲの身体に生えている毛が木になったという話であり、スサノヲの身体を大地とみれば、西郷信綱氏がいみじくも指摘するように、「木は大地に生えている毛」ということになる（『日本の古代語を探る』、一一六頁）。

ついでにいえば、『岩波古語辞典』によると苔は「木毛の意」とされる。木毛《こけ》は文字通り「木の毛」で、木に生える毛という意味であろう。木が大地に生える毛であるのに対して、苔は木に生える毛である。ここでいう苔は蘚苔類にかぎらず菌類・地衣類・シダ植物なども含まれるようで、要するにキノコやシダの類は一種の毛とみなされたのである。

シダ。古代人はシダ植物をはじめキノコの類を木に生える毛という意味で「木毛」（コケ）とみていた。

また苔には垢《あか》という意味もあり、とくに樹皮の表面に生じたコケやキノコなどにはそうしたイメージが強い。木は大地に生えている毛であり、樹皮の表面に密生したコケやキノコの類は毛に付着した垢、つまりはフケのことであろう。古代人は木を大地に生えている毛と考え、樹皮の表面に生じる苔をいわばフケとみていたようである。

話をもどすと、『古事記』が語るところによれば、スサノヲは父のイザナキから青海原を治めるようにいわれたが、「自分は亡き母がいる根の堅州国に行きたい」といって泣き叫ぶので、怒ったイザナキはスサノヲを高天原から追放してしまう。「根の堅州国」は『日本書紀』では「根の国」となっており、両者は同じとみられる。「根」（ネ）は『岩波古語辞典』によると「ナ」（大地）の転とされ、大地にかかわる語である。「根の国」あるいは「根の堅州国」とは大地の底にある国という意味であり、黄泉国とも重なる。かつて大地の底、地下の世界は万物を生み出す豊穣の源と考えられていた。イザナミは神さりまして黄泉国へ行き、のちに黄泉津大神になったと『古事記』には記されている。このことから明らかなように、イザナミは黄泉国の支配者である。これはイザナミが遠く太古の地母神につながることを示唆するもので、スサノヲがこの母を慕って根の国に行きたいと号泣するのをみると、この神もまた生まれながらにして大地との強い結びつきを暗示させる。スサノヲはイザナミと同様に大地にかかわる神であり、この文脈からいってもスサノヲの身体を大地とみなすことに矛盾はないし、スサノヲの身体に生えている毛が木になったという話も理屈にかなっている。

神話的にいえば、木は大地に生えている毛である。古代人は大地を巨大な生き物のように感じていたようで、その意味でも大地に生えている木はまさに毛であった。毛は身体に属し、その一部でもある。同じように木も大地に属し、その一部である。

樹木と大地の関係を考えるうえで、とくに見逃せないのは根である。根は大地に深く食い込んで樹木を大地につなぎとめている。それだけではない。大地から水分や養分を吸い上げて幹に伝えるという重要な役割が根にはある。根がなければ樹木は大地から必要な水分や養分を吸収できないし、樹木が成長して枝葉を繁らせ、たわわに実をつけるのも、大地に深く食い込んだ根があるからだ。根がなければ樹木は生きられないし、樹木の本質は根にあるといっても過言ではない。『和名抄』には「根株　上は禰、下は久比世。草木の本なり」とあり、根（根株）は草木の大本とされる。またガストン・バシュラールは、「樹のあらゆる性格は根の中に、その基本的な意味をもっている」と述べている（『大地と休息の夢想』、三一六頁）。根は文字通り樹木の根幹をなしているのである。

樹木における根の意味はそれだけにとどまらない。さきほどもふれたように、根《ね》は「ナ」（大地）の転であり、語源的にも大地と同根とされる。樹木の根が大地に深く食い込み、大地と一体化しているのをみると、そのことが実感される。つまり根は樹木の一部というよりも、本来からいえば大地に属しているのである。

山に自生する木を根こそぎ引き抜くという行為には、こうした神話的な考え方がまだ尾を引いていたことを示している。木は根ごと引き抜かなければ意味がなく、根元から切ってしまっては元も子もないという思いが古代人にはあったようである。山から根ごと木を引いてくるのは、大地の豊穣力、あるいは山の霊力を山から持ち帰るという象徴的な意味があったのだろう。

繰り返せば、根は樹木の一部というよりも大地の一部である。大地は母性原理としてものを生み出す豊穣力の源泉であり、とくに大地に深く食い込んだ根には旺盛な生命力、強力な呪力があると考えられた。根は女性原理の具体的なイメージのあらわれであり、大地の豊穣力のシンボルともいえる。

こうした発想はなにも日本の古代にかぎったことではなく、たとえばカンボジアのクメール族の新築儀礼では根こじにしたバナナの若木を柱にくくりつけて、これをカミの依り代とするそうである。このことは岩田慶治氏が『草木虫魚の人類学』のなかで紹介している（一一四頁）。クメール族が木を大地に生えた毛とみているかどうかはわからないが、いずれにしても木の根に呪力を認めていることはたしかである。根のついた木であるからこそ強力な呪力があり、その呪力に引かれるように神がよりつくのである。

根と地下世界

ところで、日本人の古い記憶では、万物を生み出す根源的世界は地下にあると考えられた。たとえば昔話の「鼠浄土」などは日本の古い他界観を具体的に語った話とみることもできるし、そこに描かれた地下世界は『古事記』の根の国とも重なる。野良仕事に出た爺さんが昼飯の握り飯を食べようとすると、手からすべって転がり、鼠の穴に入る。爺さんは握り飯のあとを追って穴のなかに入っていくと、そこには鼠の浄土があった。そして爺さんは金銀財宝を手に入れて帰ってくる。金銀財宝はいうまでもなく富の象徴であり、豊穣を生み出す世界は地下にあると考えられていたのである。

竜宮童子の昔話が語る他界観も「鼠浄土」と同様にやはり豊穣を生み出す世界は地下に想定されている。山へ柴刈りに行った爺さんが刈り取った柴を川の淵や洞穴に投げ込む。淵や洞穴は地下に通じていて、爺さんが投げ込んだ柴は大地の底にある水界に奉納され、その見返りに爺さんは福運をさずかることになる。この昔話にも日本人の古い他界観が反映されているのである。

本土と同じく沖縄でも万物の発生の源はやはり地下世界に想定されていた。沖縄の楽土はニライカナイと呼ばれ、その入口は海底に通じる洞窟であったりするのをみても、本土の地下世界と重なる面がある。ニライの「ニ」と根の国の「根《ね》」が語源的にも近接していることは多くの研究者の指摘するところである。西郷信綱氏も「一門の宗家である根屋がニーヤ、そこから出た神女（根神）がニーガンと呼ばれるのでもわかるように、ニライは紛れもなく根の国と見合う」と述べている（『古代人と死』、四二頁）。ニライカナイも本土の根の国と同様に大地の底に比定された楽土である。古代人は大地の底には水界を含む万物を発生させる豊穣の世界が広がっていると考えたのである。

さきほど私は、樹木の根は女性原理の具体的なイメージのあらわれであり、大地の豊穣力のシンボルといったが、ひょっとして根も地下世界につながっていると考えられたのではないだろうか。松村武雄氏は、「樹木は、深く土に食い込んだ根によって下界に通じていると考えられた」と述べている（『民俗学論考』、一七四頁）。これは多くの民族に共通することで、日本でも豊穣の世界が地下に比定されていたことを考えれば、樹木の根が地下世界、とくに水界に通じているとみるのは自然な発想であろう。

大地の底には満々と水をたたえた水界が広がっていて、水はそこから地下水脈を通って地上に運ばれると考えられた。清水が湧き出しているところがあれば、そこが水界の入口であり、竜宮童子の昔話に登場する爺さんが柴を投げ込んだ淵や洞穴などもまた水界への参入口と信じられた。

また清水の湧くところには一本の老樹が立っていることもある。柳田国男は『桃太郎の誕生』のなかで、「清水の湧く土地には必ず一本の神木があった」と述べている。柳田は続けて、それは神のよりつく木として崇拝されていた。井のかたわらに植える木はいまでもほぼ決まっているが、これもおそらく「風景の宗教的起源」とでも名づけるべきものであろうという（『定本柳田國男集』第八巻、六二頁）。井戸や泉から清水が湧き出すのは奇瑞であり、神霊の力によるものとされ、そのほとりに立つ木が神のよりつく神木とみなされたのである。

木の根元から水が湧き出す

説話や伝説の世界でも井戸や泉と神木の関係を語った話が多く語られている。二、三例をあげると、『播磨国風土記』揖保郡萩原の里のくだりには、「一夜《ひとよ》の間《ほど》に、萩一根生《はぎひともとお》ひき。高さ一丈ばかりなり。仍《よ》りて萩原と名づく。即ち、御井《みい》を闢《は》りき」とある。一夜のうちに萩が一株生えた。高さ一丈（三メートル）ばかりになり。よって萩原と名づける。やがてそこに御井を開発したという。萩の巨木が一夜のうちに生え、水が湧き出す話で、これも神慮によって井戸が開かれたことを説明したものである。

しかし実際は話が逆で、萩の根元から清水が湧いているのをあとから神慮に結びつけて説明したものであろう。樹木の根元から清水が湧き出す例は多く、たとえば『常陸国風土記』香島郡には、高松の浜の東南に「松の下に出泉《いづみ》あり」という記述がみえる。また宮城県亘理《わたり》郡下郡村（現亘理町下郡）の石間明神には、杉の古木の下から清水が湧き出しているという（柳田国男監修『日本伝説名彙』、九七頁）。これらの木が神木とされているのはいうまでもない。『古事記』の海幸山幸神話によれば、海神宮の井戸辺にはユツカツラの木があった。ユツカツラのユツ（斎つ）は神聖とか清浄という意味の接頭語で、要するに神聖なカツラ、つまり神木である。そもそも海神宮に井戸が出てくることじたい象徴的な話である。海神宮を主宰するのはワタツミの神で、この神は海を領するだけでなく、海神宮を訪れたホオリノミコト（火遠理命）にむかって「吾《あれ》水を掌《し》れる」と語っていることから明らかなように、水を支配する水神でもあった。したがって海神宮にある井戸は水神のシンボルであり、また井戸辺にあるカツラの木は水神の依り代と考えられる。

このように井泉のほとりに立つ神木の話からわかるように、木と水は密接な関係にある。これをエリアーデのひそみにならって、「水と木の連合」と呼ぶこともできるだろう。木の根元から清水が湧き出す例は、根が地下水を吸い上げることを考えればありえない話ではない。「一本の木は一石の水を貯える」といわれるが、これも木の保水力を語ったことわざである。

なかには木の根元ではなく、幹の内部から清水が湧き出している例もある。柳田国男は『神樹篇』のなかでこのことにふれ、ケヤキ、クスノキなどにもみられるが、とくに多いのは榎だという。榎は内部が腐りやすいのに反して、樹皮はいたって丈夫なことが理由らしい。幹をいわばポンプとし、樹皮を井戸側として水を湧出させるわけで、ともあれ『神樹篇』のなかからいくつか例をあげてみることにしよう。

磐城伊具郡（宮城県）館矢間村大字木沼の行屋敷の榎は幹が二つに分かれて二股のところがうつろになり、水を貯えていた。木沼という村の名もここから出たという。越後蒲原の緒立八幡宮には鳥居の前に大榎がある。地上四尺（一・二メートル）かかりの大枝の間に、深さ三尺（九〇センチ）の穴があって清水が湧いていた。北足立郡戸田村の羽黒権現の境内にも、近代出現の榎の泉があった。根から一丈五尺（四・五メートル）のところが二股になり、その間に水をたたえていて、病人や乳のない母親がさかんにこれを掬んで帰ったという（『定本柳田國男集』第十一巻、一二八頁）。
木の幹が途中で二股に分かれたY字形は明らかに女性のシンボルをあらわしている。しかも木の股の穴から水が湧き出すイメージはすぐれて女性的であり、そこには多産や生殖力をつかさどる女性原理、母性原理のイメージが色濃く反映されている。母乳の出ない母親がその水を汲んでいくのも、母性原理の多産性や生殖力にあやかろうとしたのだろう。

　このように幹の二股になった部分から水が湧き出す例が多いのは注目すべきで、柳田も、「殊に榎の空洞には、木の股から始まるものが多いかと思われる。（中略）榎木の根元から噴き上げて、樹高い空洞の穴に水を湛へることは、亦最も普通なる此木の奇瑞であった」と述べている（同前、一二七頁）。埼玉県比企郡嵐山町鎌形には「血の出る木」という伝説があって、木の股に穴のある榎のことが語られている（『日本伝説体系』第五巻、三三一頁）。やはり榎には木の股に穴のあるものが少なくなかったようである。

木俣神と御井神

木の股といえば、日本の神話には木俣神《きのまたのかみ》という一風変わった名前の神が登場する。この神は久久能智《くくのち》とならんで木の神とされている。『古事記』によると、木俣神の由来は次のようである。

　其の八上比売《やがみひめ》をば率て来ましつれども、其の嫡妻《むかひめ》須世理毘売《すせりびめ》を畏《かしこ》みて、其の生める子をば木の俣に刺し挟みて返りき。故、其の子を名づけて木俣神と云ひ、亦の名を御井神《みいのかみ》と謂ふ。

ヤガミヒメ（八上比売）と結婚した大国主神はヒメを因幡から出雲へ連れてきたが、ヒメは本妻のスセリビメ（須世理毘売）を恐れて、自分が生んだ子供を木の股にさしはさんで因幡へ帰ってしまった。それゆえに、その子の名を木俣神といい、またの名を御井神といった。

自分が生んだ子を木の股にさしはさむとは、ずいぶん変わったことをすると思われるかもしれない。しかしこの解釈はあとまわしにして、その前に注目したいのは、木俣神と御井神の関係である。木俣神のまたの名を御井神という。だがこの解釈をめぐっては諸説紛々として、いまだ定説をみないのが実情である。西郷信綱氏も、「木俣神の亦の名を御井神という。森あるところおのずから泉ありといえばそれまでだが、これもよく分らぬ」と述べている（『古事記注釈』第二巻、五八頁）。

また新潮日本古典集成『古事記』の頭注によれば、木俣神は「神木の木股に宿る神」で、「井泉の神とは別」だとして、「井泉の側にはたいてい神木（股木）があったので、両者を『亦の名』でつないだもの」だという（六六頁）。はたしてそうだろうか。私には木俣神と御井神が別の神で、たんに「亦の名」でつないだだけの関係とは思えない。木と水の密接な関係を考えればなおさらで、木俣神は木の神だから、ここにも「水―木の連合」がみられるのではないだろうか。

柳田が指摘したように、幹の二股になった部分が空洞になって、そこに水をたたえているケースが多々みられる。これは要するに天然の井戸である。古代人がこの奇瑞を見逃すはずはなく、それが木俣神のイメージにも反映されているのではないだろうか。木俣神が木の神で別名を御井神というのは、そのことを示唆しているようにも思える。

木俣神と御井神はまったく別どころか、同じ神の二面性をあらわしているのである。木俣神は木と水の二重のイメージが投影された神であり、木と水の融合を象徴する神といってもいい。その意味では、インド神話に出てくる樹木と水にかかわる豊穣の女神ヤクシーにも通じるのではないかと私は思う。溝口睦子氏は「ヤクシーと木俣神」という論文のなかで、図像や彫刻にあらわれたヤクシーは「ふた股の木によって表現されている」といい、「この神が樹神であると同時に、『水につながる』豊穣神であったことも明らかにされている」と述べている。木俣神も木の神であり、同時に水にかかわる豊穣の神でもある。日本のヤクシーといっても過言ではなかろう。

木俣神は木と水にかかわる神であり、木の股に宿ることからY字形の木の股によって象徴される。

樹木の根が地下世界に通じているという古い信仰があったことはすでに述べた。すると樹木は地下世界と地上の境界にあたり、とくに木の股が地下世界の入口とされたのではないだろうか。『古事記』には大国主神が兄弟の神々に追われて紀伊国の大屋毘古神《おほやびこのかみ》のもとに逃れてくる話がある。大屋毘古神は大国主神を「木の俣より漏《く》き逃《の》がして」、つまり木の股から抜け出させて、根の堅州国に逃がしたとある。根の堅州国（＝根の国）は大地の底に想定された異界であるから、木の股が大地の入口であり、根の国に通じていることがわかる。

二股の木。樹木は地下世界と地上の境界に位置し、とくに木の股は地下世界の入口とみなされた。

さらに付言すれば、大国主神が紀伊国に逃げてくるのも偶然ではない。紀伊国（和歌山県）は「木国」という意味で、森林が豊かで木材を多く産することからこの名がついたらしい。のちに地名が好字二字に改められるさい木国（紀国）が「紀伊国」となったもので、「伊」は添え字とされている。ほかにも一字から二字に変更された地名は多く、たとえば『古事記』の伝えるところによれば、高天原を追放されたスサノヲ命が最初に降り立ったのは肥《ひ》の河の川上であった。「肥の河」は現在の島根県の東部を流れる「斐伊《ひい》川」のことで、この場合の「伊」も紀伊国と同じく添え字である。

ともかく紀伊国は「木の国」が本来の意味であった。次田真幸氏は、「紀伊国は根の国に直結する国」（『古事記』上、一一七頁）だとしているが、豊かな森林にめぐまれた紀伊国であればこそ、この国が根の国に直結するというのも理にかなっている。大国主神は木の股を抜け出て根の国に向かったことからわかるように、具体的には木の股が地下世界の入口とされた。木の股は木俣神のシンボルであり、すると木俣神は木の神であると同時に大地の入口を象徴する神でもあったらしい。

木の股と大地の入口

木の股は根の国に通じる大地の入口であった。大地を象徴するのは地母神であるから、大地の入口は地母神の胎内の入口でもあった。大地の懐深くには満々たる水をたたえた水界が広がっていると考えられたが、その水を羊水とみれば、そこはまさに地母神の胎内にほかならない。いずれにしても、木俣神は木の股によって象徴される神であり、それは遠く太古の地母神信仰まで遡源できる古い神であることは間違いない。

木の股に関連していえば、昔はマタブリといって先が二股になった杖が多く用いられた。マタブリは先を上にして突くこともあれば、逆さにして突くこともあった。注目したいのは、マタブリで井泉を探り当てたという伝説が多く残されていることで、とくに二股の部分に地を相する呪力があると信じられたらしい。二股の杖は西洋では占杖といい、やはりこの杖で地下水や地下鉱脈を探るのに使われた。マタブリも占杖も二股の杖であり、洋の東西を問わず木の股に呪力があると考えられたのは興味深い。

さて、ここでヤガミヒメがわが子を木の股にさしはさんで因幡へ帰ってしまったという例の『古事記』の話を考えてみたい。ヒメが子供をおいて因幡に帰ったのは、大国主神の本妻スセリビメを恐れたためだという。木の股は大地を象徴する地母神の胎内の入口である。木の股に子供をさしはさむのは、地母神の胎内に子供を返すという意味があったのだろう。ユングは『変容の象徴』のなかで、多くの神話が人間を木から生まれたものとする一方では、「うつろな木のなかに人を埋葬する風習もあった」と述べている（三四九頁）。

マタブリを突く老人。『伴大納言絵詞』（『日本常民生活絵引』第一巻より）。

樹木は地上と地下の接点にあることから大地の入口とされた。そこはこの世における境界であり、内なる異界でもあるから、死と再生が行われる場でもあったらしい。この文脈でいえば、ヤガミヒメがわが子を木の股にさしはさんだのは、死と再生にかかわる儀礼とみることができる。死と再生の儀礼といえば、エリアーデが次のように述べているのも参考になる。

子供は井戸、水、岩、木などからやってくると信じられている。（中略）私生児は「土の子」とよばれた。モルダヴィニア人は子供を養子にしようとするとき、その子を守護女神地母が住むと想像される畑のなかの溝に置く。これは養子にしようとする子供が新しくここに生れたことを意味する

（『大地・農耕・女性』九三頁）。

畑のなかの溝もまた木の股と同様に地母神の胎内の入口という意味があったらしい。ここに子供を置くのは、いったん地母神の胎内に返して、あらためて養子として再生させるためであり、子供の死と再生の象徴的な儀礼とみることができる。ヤガミヒメがわが子を木の股にさしはさむ話をみると、かつて日本にも同じような儀礼が行われていたことを推測させる。畑の溝も木の股もいずれも大地の入口を意味する。ヤガミヒメは自分が生んだ子を本妻の養子にするつもりで、このような措置をとったのだろう。わが子を他人の養子にするには、わが子であることをいったん否定し、あらためて他人の養子として再生させなければならない。ヤガミヒメの子供は象徴的な死によってその出生を否定され、あらためて正妻スセリビメの子として誕生する。木の股に子供をさしはさむという行為には、このような意味があったと考えられる。

木俣神の話にいささか深入りしすぎたようだが、この神話には太古の地母神信仰に起源をもつ古い儀礼が反映されているようである。地母神は母なる大地を象徴する神である。木俣神は木と水にかかわる神であり、木と水が大地と密接にかかわっていることも、その消息を伝えるものといえる。

これまでの話は柴や柴刈りとは関係のない冗長なおしゃべりのように思われるかもしれないが、決してそんなことはない。竜宮童子の昔話で明らかなように、水神は柴を好むとされている。この昔話の背景に正月の神祭りがあったことはすでに述べた。柴刈りの爺さんが水界に柴を投じるのは、水神（年神）に柴を奉納するためであった。しかしいままで述べてきたことからわかるように、水と木のあいだには密接な関係がある。柴刈りの爺さんが柴を水界に投じる話には、さらに古い深層的な意味というか神話的な意味が隠されているようである。柴を水界に投じるのは、いわば水と木の融合であり、ここにも「水と木の連合」のイメージの反映がみられるように思う。水と木にまつわるシンボルの連合が断片的なかたちで物語に投影されているとみることができる。

第三章　柴の変容

若木切りの風習

山の神霊が宿る木をそのまま根ごと引いてきて祭場にすえる。これは山から神を迎える最も素朴な神勧請の方法であった。

やがてこの大がかりな方法が簡略化されると、根元から生木を伐ってくるようになる。その名残りは正月の年木伐りの風習などにみることができる。たとえば南九州あたりでは年木は若木とも呼ばれ、正月に「若木切り」「山の口開け」「臼起こし」などといって、いずれも山から伐り出してきた木を依り代にして神を迎える行事がある。鹿児島県阿久根市鶴川内・里の若木切りでは、各家の若い男が二日の暗いうちに起きて山に行き、シイノキのなるべく高くまっすぐなものを伐ってくる。昔はこの若木だけはどこの山のものを伐っても文句はいわれなかったという。若木は木の皮をむき、頂上には柴を残したまま男の数だけ庭に立てる（小野重朗『増補農耕儀礼の研究』、二三八頁）。

同じ鹿児島県の出水市上大川内・不動野の若木切りでも、正月二日の早朝に部落の青年が山に行き若木を伐ってくる。若木は皮をむいて白い肌にし、頂きにはやはり柴の葉を残して各戸に一本ずつ庭に立てる（同前、一二五頁）。正月がすぎると、若木はただの薪にするところもあれば、田植のときの赤飯やボタモチを蒸すのにとっておくところもある。とくにこの事例などは年木と薪の関係を考えるうえでも興味深い。

年木と薪の関係については後述するとして、南九州の正月行事で注目したいのは、若木の頂きに柴を残すことである。鹿児島県人吉市藍田・下漆田の若木切りでも、山から伐ってきた一本のシイかカシの木を庭に高々と立てるが、「この木の頂きに残した柴のところに山の神がいて見ておられる」といい、根元から切られた若木はとくに木の頂き、つまり梢に山の神霊が宿ると信じられたらしい。

石川県河北郡灘村あたりには、松の梢の上に天狗が棲んでいたという「天狗松」の伝説が残されている。天狗は山の神もしくはその眷属とされるが、梢をすみかにするのは、やはりそこが神霊の宿るところとされたからである。神霊が宿るのはとくに強力な呪力を帯びたところだから、根元から切られた木は幹ではなく梢という木の先端に強力な呪力があることを示している。南九州の正月行事で若木の皮をむくのは梢の柴を強調するためであり、明らかに柴が神聖視されているのである。

神聖な木の梢に柴を残すのは日本にかぎらず北欧でもみられたようである。イギリスの五月柱（メイ・ポール）は先端に葉を残す生木が用いられたという（井本英一『穢れと聖性』、一九九頁）。五月柱といってもただの柱ではなく、梢に葉を残すのは南九州の若木と同じである。五月一日と十一月一日は日本の正月と盆にあたり、五月柱は新年の柱で、日本の年木や若木に相当する。

またクリスマス・ツリーも「その頂きの葉を残した木」であったとエリアーデは述べている（『大地・農耕・女性』、二五九頁）。五月柱もクリスマス・ツリーも日本の若木と同じように梢に柴を残すのは興味深い。梢の柴に呪力を認め、それを神聖視するのは洋の東西を問わないようである。

トブサタテの儀礼

梢の柴を残すのは若木や年木にかぎらずトブサタテの儀礼などでもみられる。これは樹木を伐採したときに行う儀礼のことで、『万葉集』にはこの儀礼を詠んだ歌がおさめられている。

とぶさ立て　足柄山に　船木伐り　木に伐り行きつ　あたら船木を　（巻三―三九一）

鳥総立て　船木伐るといふ　能登の嶋山　今日見れば　木立繁しも　幾代神びぞ　（巻十七―四〇二六）

鎌倉時代の歌学書『袖中抄』に「とぶさたてとは鳥総立と書きたり。歌にとぶさと詠むは、木の末なり」とあり、トブサは鳥総《とぶさ》で、木の梢を意味する。トブサタテは船材などの巨木を伐採したとき、木の梢を切株に立てて山の神を祀る儀礼のことで、いま引いた『万葉集』の二首は山の神に捧げるために詠まれたのだろう。船材になるような巨木は神木とされ、そこには木の精、つまり木霊《こだま》が宿ると信じられた。神木を伐採すると木霊が行き場を失ってしまうことから、木霊のあらたな宿り場を確保するために山の神を祀るのがトブサタテの儀礼とされる。

これに対して松前健氏はさらに一歩すすめて、トブサタテの儀礼はたんなる山の神に対する慰撫というよりも、もっと原始的な観念によるものだと述べている。つまりトブサタテは木々に宿る精霊、コダマ・キダマの継承儀礼という信仰にもとづくもので、「樹を伐られ、すみかを失った木の精が、切株に立てられた梢の中に宿り、そこに再生するのである」という（『古代信仰と神話文学』、二一四頁）。

トブサタテの儀礼で特徴的なのは、木を切り倒したあと切株の上に梢を挿しておくことである。切株の上に梢を挿すのは、松前氏の指摘によれば、すみかを失った木霊がここに再生するためだが、とくに梢を木霊の依り代とみているようである。梢は柴でもあり、呪力があることから、ここに木霊が宿ると考えたのである。

トブサタテの儀礼(『木曽式伐木運材図絵』より)。

梢が木霊の依り代だとすると、梢を挿す切株にも何か意味があるのだろうか。切株は木の幹を切ったあとに残る根のことで、根株ともいう。現存する中国最古の字書『説文解字』には「根、木株也、株、木根也」とあり、根と株は同義とされる。要するに切株は根のことである。すでにふれたように、根は樹木の一部というよりも、大地の一部であった。大地は山の神の領分であるから、大地の一部である根(切株)に梢を挿すのは、梢に宿った木霊を山の神に返すという意味でもあるのだろう。

『延喜式』巻第八・祝詞の「大殿祭」にはトブサタテの儀礼と思われる記述がみえる。御殿を建造する柱を奥山から伐り出すときの作法として、「本末《もとすえ》をば山の神に祭りて、中《なか》の間《ま》を持ち出で来て、……」とある。本は切株、末は梢、中の間は幹のことで、切株と梢は山の神にお供えして、木の幹を山から持ち出すことが述べられている。木の幹だけを人間がいただいて、残りの根(切株)と梢は山の神にお返しするという意味である。樹木は山の神の領分に属していて、人間が山の神から譲り受けるのは幹だけで、根と梢は山の神に返さなければならない。とくに梢は切株に挿され、根と一体になることで、梢に宿った木霊の死と再生が成就される。根は大地の一部であるから、梢は大地に還り、そこに再生する。トブサタテは樹木の死と再生のための儀礼でもあったのだろう。

人間が山から持ち出せるのは木の幹だけで、あとは山の神に返さなければならない。切株と梢は木材としての利用価値がないといえばそれまでだが、しかしこうした合理的な解釈は古代人の発想になじまないばかりか、樹木に対する古代人特有の考え方を見落としてしまう。なぜ幹だけが山から持ち出せるのか。これには人間の身体と木の幹の関係について述べた哲学者の古東哲明氏の文章が参考になる。

……胴体部分、いわゆる幹。それを古人は「カラダ」といった。「殻胴・枯胴」と書き記すことからわかるように、カラダは、そこを植物の生命や滋養が抜けていく物質的場所や管であり、幹自体は空っぽの物体という意味である。そしてそれが、身体部位名でいう「体」に対応する。だからカラダ（肉体）は、あくまで、生命や滋養がそこを通り抜ける物質的形骸にすぎないことになる（『他界からのまなざし』、一〇九頁）。

木の幹を人間の身体にたとえれば、さしずめ胴体であろう。幹は空っぽの物体で、食物や滋養が通り抜ける管にすぎないという。古東氏は人間の胴体を樹木の幹にたとえているが、逆に木の幹を人間の胴体にたとえることもできる。幹は水分や養分が通り抜ける管であって、木から木霊が抜ければ、それは文字通り抜け殻であり形骸にすぎない。幹が生きているのは木に木霊が宿っているあいだだけで、いったん木霊が抜けてしまえば、あとはたんなる形骸にすぎないことになる。

『岩波古語辞典』によれば、「からだ」（体・身体）は「から」（殻・躯）と同義語で、水分や生命がすっかり失われて、ぬけがらになったものが「から」（躯）である。同じく生命のこもった肉体を「み」（身）といい、それに対して生命のこもらない形骸としての肉体を「からだ」（体）という。ついでにいえば、カラ（空）は「から」（殻・躯）から派生したことばである。

根元から伐られた木の幹は木霊の抜けたからっぽの「から」（殻・躯）にすぎない。さきほどの『延喜式』の「大殿祭」にあったように、切株と梢は山の神にお供えして、木の幹だけを山から持ち出すというのは、古代人が木霊の抜けた幹をたんなる抜け殻、形骸とみていたことを裏づけるものであろう。木霊のこもらない抜け殻であればこそ、山から持ち出すことができるのである。

梢のシンボリズム

ところで、トブサタテの儀礼は山師や木地師などのあいだで広く行われているキモライ（木貰い）の習俗に受け継がれている。これも山の木を伐採するときに行う作法で、やはり木を伐ったあとは梢を切株などに立てておく。梢を切株に立てるのは、山の神への感謝の気持をあらわすとされるが、これも本来はすみかを失った木霊の死と再生の儀礼とみるべきであろう。

梢を立てる儀礼はトブサタテやキモライの慣習のほかに正月行事でもつい最近まで行われていたらしい。牧田茂氏によると、東京の築地や銀座あたりでは、正月の門松は三が日立てただけで幹を倒してしまい、あとは梢だけ土に挿しておくのが見られたという。この梢を東京の人は「トオサキ」などと呼んでいるそうだが、トオサキは古語の「トブサ」と関係があるのではないかと牧田氏はみている（『生活の古典』、一九六頁）。トオサキがトブサの転訛であるかはさておき、門松を倒したあと、梢だけを土に挿すところはトブサタテの儀礼に似ている。門松は年神の依り代であり、三が日がすぎて門松を倒すのは、おそらく年神をあの世に送る儀礼と関係があって、倒された門松は、すでに年神の依り代ではなく、たんなる形骸であることを示しているのだろう。一方、梢を土に挿すのは、行き場を失った年神の仮の宿り場を確保するという意味があって、これは第一章でみたように、庭に小柴を挿して地神を祀るという『万葉集』の防人歌を想起させる。いずれにしても、門松の梢を地に挿す儀礼は年神をあの世に送る作法とみることができる。

すでにふれたように、南九州に伝わる正月の若木切りは梢の柴を残すのが特徴である。これは梢を切株に挿すトブサタテの儀礼にも通じるもので、ただ若木の場合は、山の神を梢にのせて里までお迎えするのである。若木の梢に神が宿ると考えたからで、この方法がさらに簡略化されると木の梢や枝だけを切ってくるようになる。梢や枝は柴であるから、これが小柴刈りや柴節供の風習につながるのである。したがって南九州の若木切りは小柴刈りや柴節供にくらべ一時代前の古風な習俗といえそうである。

また木の梢に柴を残した若木はお盆のときに立てる高灯籠ともよく似ている。とくに新盆を迎える家では高灯籠を立てる例が東北から関東地方にかけて多くみられる。生葉のついた枝、あるいはわざと杉の青葉の枝などを竿の先端に取りつけたものもあり、祖霊はこの梢の柴をめざして子孫の家にやって来ると信じられている。高灯籠も広い意味での依り代だが、これも梢の柴に祖霊が宿ると考えたのである。

南九州に伝わる正月の若木切り、木を伐採するとき行われるトブサタテの儀礼、それに盆の高灯籠など、いずれも梢の柴に特徴がある。柴には呪力があることから、その呪力に引かれるように年神、木霊、祖霊などがよりつくと信じられたのである。

杖を地に刺す

ところで、門松を立てる以前は柴や薪を積み上げて年神の降臨を願うのが古い形式であった。そして薪を至尊や目上の者に献上したのが御竈木の儀礼で、御竈木も薪も基本的には同じものである。一般に薪といえば木を鉈で割り裂いたいわゆる割木のことだが、平安時代の御竈木はむしろ棒のようなものであったらしい。『令義解』雑令に、御竈木は「長七尺、以二廿株一為二一担一」とあり、長さは七尺（二・一メートル）もある。これは現代人の常識からすれば薪よりも杖や棒に近い。

大阪府の北部に伝わる年木はホナガと呼ばれる。長さは四尺（一・二メートル）で、この年木も棒または杖のようである。ホナガに漢字を当てればたぶん「穂長」で、長くたれるほど豊作であってほしいという予祝的な意味をこめた年頭の呪具である。これもまた年木が薪になる以前の古い形式を伝えるものといえる。

このように年木は古くは棒か杖のようなかたちをしていた。南九州の若木切りのところでみたように、この地方の若木は木の皮をむき、頂きに柴を残したものが多い。この柴を切り払えば、あとは棒と何らかわりがなく、『令義解』雑令の説明にあった長さ七尺の御竈木に近くなる。この若木から薪や御竈木のもとのかたちが想像できるようである。

年頭の呪物には年木のほかに杖もあり、杖もまた棒のようである。実は杖の起源も年木のそれとよく似ているのである。杖について少し詳しくみていくことにしよう。

杖の起源は山の神人が里にくだるさい、根こじにした木の枝をはらい、それを逆さにして突いたのがはじまりとされる。最古の杖は根のついた生木の枝を払ったもので、それを逆さにして突くのである。これは梢の柴だけを残し、木の皮をむいた南九州の若木とはちょうど逆のかたちであり、梢を残すか、根を残すかのちがいである。トブサタテの儀礼のところでもふれたように、樹木を伐採したとき根（切株）と梢を残すのが作法であった。根は大地の一部であり、それゆえに大地から水分や養分を吸収して木の幹に伝えるという重要な役割をになっている。それは樹木の成長には欠かせないことから、生命力の象徴ともみなされた。

古代人が樹木を大地に生えている毛とみていたことはすでに述べた。毛が伸びるのはまさに生命力のあらわれであり、毛の生命力は一種の呪力として信仰の対象にされていた。これは社寺の宝物のなかに女性の髪や陰毛のたぐいがしばしばみられることからも実証される。毛が伸びるのも樹木が成長するのも同じ生命力によるもので、そこに一種の呪力を認めていたのである。だから樹木を大地に生えている毛とみるのは、樹木と毛に同じ元型的イメージをみているのであって、たんなる比喩ではない。「元型」はもともと無意識内にあって意識では把握できないが、それが具体的なイメージとしてあらわれたのが元型的イメージである。樹木と毛は神話的には同じ元型的イメージをあらわしているのである。

とくに樹木の生命力は根の部分に凝縮されている。いまもいったように根は生命力の象徴であり、したがって最古の杖に根がついていたのも理由のないことではない。杖には強力な生命力があり、それが根によって象徴されているのである。

神人は杖をたずさえて山から里にくだってきた。山のめぐみを里にもたらすためである。山のめぐみは大地の豊穣力でもあり、この場合の杖は、あとで述べるように、神人が里にもたらす山苞《やまづと》の一種であった。

杖を地面に刺しておいたところ、根づいて枝葉を繁茂させたという伝説は全国に分布するが、この杖も根のついた生木を逆さに突いてきて、根の方を地面に刺しておけばありえない話ではない。とはいえ、伝説が実際にあった話かどうか詮索するのはあまり意味がない。むしろ奇瑞を伝えるところに伝説の伝説たるゆえんがあるからだ。折口信夫が指摘したように、高僧たちが突き刺していった杖が一夜のうちに根づいたという「一夜竹」や「一夜松」などの伝説もこのたぐいである（『折口信夫全集』第二巻、四七〇頁）。これも根の生命力の強さを杖という呪物に託して語った話とみることができる。

ともあれ、高僧たちが各地を転々としながら杖を突き刺していった話は枚挙にいとまがないほどで、これがのちに神勧請の方法のひとつとして定着するようになる。柳田国男は「杖の成長した話」のなかでこのことにふれ、前代の神勧請に杖の必要であった例はいくらでもあると述べている。たとえば美濃の郡上郡山田の熊野神社にある御杖杉は、この神を那智から迎えたときに彼地より携えてきた杖が成長したものだという。また武州元八王子の八幡神社の境内には梶原杉という杉の大木がある。昔、梶原景時が鎌倉八幡宮をこの地に勧請したとき、携えてきた杉の杖を刺しておいたところ、それが芽を吹いていまのような大木になったという（『定本柳田國男集』第十一巻、八一頁）。さらに柳田は、親鸞や日蓮など遊行の僧が国々いたるところに際限もなく旅の杖ばかりを残して立ち去ったことにも言及し、「旅をして杖を残したというよりも、見ようによっては杖のために、行脚をしたかとも思われる」と述べている。

年木・御竈木・杖

このように、携えてきた杖を新たな土地に刺し立てることで神霊を迎えるという神勧請の方式がかつてあったのである。これは自然の生木を根ごと引き抜いてきて神霊の依り代にするのと理屈は同じで、考えようによっては、生木が杖に変わっただけのことである。杖は根こじにした生木の枝を払い、逆さにして突いたのがそもそものはじまりである。この原始的で素朴な杖もやがて棒状のものに変わる。さきほどもいったように、平安時代の杖は年木や御竈木とほとんど区別がつかないほどよく似ていた。神や貴人に献上する杖はとくに御杖《みづえ》といい、『延喜式』左右兵衛式には御杖について次のような説明がのっている。

凡正月上卯。督以下兵衛已上。各執二御杖一束一。次第参入。（中略）其御杖榠樝三束。一株為レ束木瓜三束。比比良木三束。牟保己三束。（中略）黒木二束。桃木三束。梅木二束。椿木二束。並各長五尺三寸。

これによると、御杖は長さ五尺三寸（一・六メートル）の木の棒のようなものであり、「束」をもって数えている点はむしろ御竈木に近い。束はいうまでもなく、たばねたものを数える語である。御竈木は『令義解』雑令に、長さ七尺とあったように、御杖の五尺三寸よりかえって長く、御竈木と杖との区別は判然としなかったらしい。このことは土橋寛氏が指摘したとおりで（『古代歌謡と儀礼の研究』、一〇九頁）、杖と御竈木はほとんど区別がつかないほどよく似ていたのである。

一方、年木と御竈木はもともと同じものだが、すると杖は年木とも似ていたことになる。すでにみたように、ホナガと呼ばれる年木は長さ四尺の棒というか、杖のようなものであった。要するに年木、御竈木、杖はいずれももとをたどれば同じもので、時代がくだるにつれ、それぞれの違いが明確になったらしい。『神楽歌』の採物歌「杖」には、榊の枝を切って杖をつくることを詠んだ歌がおさめられているが、これも年木と杖がもとは同じであったことを示唆しているようである。

あしひきの　山を険《さが》しみ　木綿《ゆふ》付くる　榊が枝を　杖に切りつる

山が険しいので、木綿のついた榊の枝を切って杖にしたという。ここでいう榊は特定の木ではなく常緑樹一般とみていいだろう。榊の枝は柴であり、また場合によっては年木にもなるから、この枝から杖をつくるというのは、年木と杖がもとは同じであったことを推測させる。

ちなみに木綿は楮《こうぞ》などの木の皮をはぎ、その繊維を蒸して水にさらし、細く裂いて糸状にしたもの。榊や斎瓮《いはひべ》にかけて神事によく使われた。したがって木綿のついた榊とは榊の枝に木綿を房状に垂らしたものをいい、その形状から「木綿垂れ」とも「木綿花」とも呼ばれた。やはり神事に用いられる呪物である。その榊の枝を切って杖にしたというのがこの採物歌の主意で、年木も一般には榊（常緑樹）の枝を切ったものだから、杖と年木との密接なかかわりはこの歌からも読み取ることができる。

険しい山道を歩くには杖はなくてはならない道具である。道といっても古代の山道は名ばかりで、ほとんど道なき道にひとしいから、足場を確保しながら身体を支えるのはむろんのこと、下草を払いながら歩くにも杖は必需品であった。しかし杖を持つのはたんなる利便性のほかに信仰的な意味もあったのである。『神楽歌』の採物九種のひとつに杖が選ばれているのも、それが呪具であったことを物語っている。『万葉集』には先太上天皇（元正天皇）の山村行幸の歌が二首収められている。その一首に、

あしひきの　山行きしかば　山人の　吾に得しめし　山づとぞこれ　（巻二十―四二九三）

とあり、これは上皇が養老七年（七二三）に吉野に行幸されたときに詠んだ歌で、山人が上皇を祝福するために山苞を献上したという意味にとれる。

山苞は山人が里にもたらす聖なる山の土産だが、しかしこれだけでは具体的に何をさしているのかわからない。折口信夫によると、山苞には山草、木の枝、寄生木《ほよ》の類から山の柔かい木を削った杖、その短い形の削り花などがあり、時代によっても変化があったらしい（『折口信夫全集』第二巻、三八五頁）。歌の内容から判断すると、ここでいう山苞はおそらく杖であろう。『神楽歌』の採物歌「杖」に収められた次の二首も参考までに引いておく。

蓬坂《あふさか》を　今朝《けさ》越えくれば　山人の　我に呉《く》れたる　山杖ぞこれ　山杖ぞこれ

皇神《すめがみ》の　深山《みやま》の杖と　山人の　千歳を祈り　伐れる御杖ぞ

さきの『万葉集』の歌と似たような内容である。いずれも山人が祝福するために山杖をくれたというのが歌意で、この場合の山杖も山苞の一種と考えられる。吉野に行幸された元正天皇が山人から受け取ったのもたぶん山杖であり、山人が道案内のために上皇に随伴したおり山杖を献じたことがこれらの歌から想像される。

杖と境界

険しい山道を歩くのに杖は欠かせないが、しかし山人が上皇に杖を献上したのはほかにも理由があったのである。山は村里からみれば異界であり、杖はこの世と異界を往来する者が身につける呪的な持ち物であった。矢野憲一氏によれば、神や仏の権化、神と人との媒介者である老翁、老夫、老女、聖、神仙、老僧、さらには神仏の零落した姿とみなされる客人、門付、乞食など容貌魁偉な異相で登場する下層民は杖を持つことが多かったという。杖は蓑や笠とともに変装の道具であり、「現実と幽冥界を行き来する仲介者の持ち物」であった（『杖』、一〇一頁）。杖はかならずしも老人だけの持ち物ではなかったのである。

杖はこの世と異界を媒介するものが身につける変装の道具であり、呪具であった。逆にいえば、杖を持つことで、そこには境界的な意味が発生する。杖の境界的な意味は杖の呪力と関係があって、これは『日本書紀』一書が語るイザナキの黄泉国訪問譚が明らかにしている。この話は前にもふれたが、ここではイザナキが黄泉比良坂で妻に引導を渡して、夫婦別離の宣言をするくだりに注目したい。

黄泉比良坂はこの世とあの世の境界である。イザナキはその境界に立ち、「これより先に入ってはならぬ」といって杖を投げつけると、杖は岐神《ふなとのかみ》になった。岐神は塞の神のことで、杖は塞の神の物実《ものざね》であった。塞の神は境界を守る神とされ、杖には境界を画するという象徴的な意味があったらしい。杖から化生した塞の神が峠や村境に祀られるのはそのためである。旅人が峠や山道の入口を通るとき塞の神に杖を手向ける風習は全国に分布するが、それもこうした故事にならったものである。

また柳田国男によると、阿波国の高越寺《こうつじ》の山道には「御杖木」という地名が残されている。神代に諸神がこの嶺に登ろうとして、各々が御杖をその場所に置いたことからその名がついたといわれ、今はここに来那戸神《くなどのかみ》が祀られているという（『定本柳田國男集』第十一巻、九二頁）。第一章でもふれたように、クナドノカミはフナドノカミ（岐神）の転訛で、やはり塞の神の一種である。この故事もまた杖が境界と不可分の関係にあることを伝えている。

さきほどの『神楽歌』の採物歌に「逢坂を　今朝越えくれば　山人の……」とあったけれども、逢坂の関にも塞の神が祀られていて、山人が渡す山杖もこの関を越えるときには塞の神に手向けられたのだろう。塞の神は山道の入口や峠など境界に祀られる神で、旅人を悪霊邪霊などから守ってくれる神でもある。そこを通過するときは旅の安全を祈って杖が手向けられたのである。

また旅人が持つ杖にも旅の安全を守る呪的なはたらきがあり、とくに山人が手ずから作った山杖には強力な呪力があると信じられた。その神聖で呪力を帯びた山杖があればこそ、旅の安全も保障されるという思いがこの歌にはこめられているようである。

山杖は山に自生する木で作られた杖、あるいは山人が手ずから作った杖という意味だろうが、山杖には削りかけなどの特殊な飾りがついていたようである。いずれにしても杖をつくるのは山人の手業《てわざ》のひとつであった。むろん山人は杖をつくるだけでなく、ほかにもさまざまな仕事に従事していた。山人はいったい何を生業にしていたのだろうか。次章では山人を中心に話をすすめていくことにしよう。

第四章　山人と柴刈り

山人の生業

山人の生業を知るうえで参考になるのが室町時代に製作された『七十一番職人歌合』である。これは当時の職人の生業を歌と絵であらわした職人絵巻とでもいうべきもので、十一番目に登場するのが山人である。そこには囲炉裏に榾《ほた》（燃料にする木の株や朽ち木）をくべ、暖をとる山人の姿が描かれている。山人の背後には柴と薪がそれぞれ一束ずつ置かれ、その脇には斧が見える。柴・薪・斧はいずれも山人の生業を象徴するものであり、柴を刈ったり薪を切るのが山人の主な仕事であったことがわかる。

山人の生業に関しては室町時代後期に成立した分国法『塵芥集』の六十五条に、「山人たき木をもとめに深山へわけ入のごとき」という記述があり、山人の生業が柴刈りやたきぎとりであったことはこれによっても知られる。しかし山人は山の神に仕えるシャーマンのような人物であったから、柴刈り、たきぎとりといってもたんなる身過ぎ世過ぎでなかったこともたしかで、山人の柴刈りには信仰的な一面があったことも忘れてはならない。

山は山の神が領《うしは》く異界であり、したがって山に自生する柴もまた山の神が占有している。たとえば出雲神楽に「山の神」(「山神祭」とも「香具山」ともいわれる)という曲目があり、このなかに柴叟《しばそ》といって、柴刈りの老翁が登場する。まずは石塚尊俊氏の説明にしたがって大筋を述べておく。

はじめに柴叟と称する直面の者が両手に柴を持って出てくる。柴叟がひとしきり舞って一隅にひかえると、そこへ着面の山の神が大白和幣《しらにぎて》(白布の幣帛)を持って現われる。山の神は四方をつけて(東南西北に向かって拝む)舞い、やがて柴叟を見つけ、「わが山の柴を勝手にとるものは何者か」といって柴叟をなじる。そして柴叟を捕えようとするが、柴叟はたくみに逃れ、追いつ追われつの所作をくり返したあと、やがて山の神は柴叟を捕え、持っている柴を取り上げる。が、そのとたんに柴叟は開き直り、「われはこれ天照大神に仕え奉る春日大明神なり」と名乗る。すると山の神はたちまち恐れ入り、その場に平伏する。柴叟がいうには、このたび天照大神が天の岩戸にお隠れになったので、岩戸の前でお神楽をすることになった。そのため真榊がいるので取りに来たのだという。これを聞いて山の神は、それならばこれを献じましょうといって、取り上げた柴をあらためて柴叟に奉る。春日大明神はその態度を誉め、褒美として宝剣を山の神にあたえる。山の神はその宝剣で東南西北中央の悪魔を祓う「悪切り」の舞を舞って終る(『神楽と風流』、一六頁)。

柴叟と山の神の息をつかせぬ巧妙なやり取りが面白いが、ここで注目したいのは、山の神が「わが山の柴を勝手にとるものは何者か」といって柴叟をなじる場面である。神聖な柴を刈るには山の神の許しを得る必要があったらしい。山に自生する柴は山の神の所有物であるから、山の神の許可なしに勝手に取ることはできない。山の木を伐採するにはトブサタテやキモライなどの作法にしたがって行われたことはすでにふれたが、柴を刈るにもこれに準じた作法があったらしい。柴叟はそうした作法を無視して勝手に柴を刈ったために、山の神から難詰されたのであろう。

しかし作法にのっとれば誰でも自由に柴を刈れるかというと、そうではなかった。柴はもともと神聖なものであり、柴を刈ることじたいが非日常的な行為であり、あまつさえ柴刈りは特別に選ばれた人間の仕事であった。

山は里からみれば異界である。異界ではこの世の常識は通用しないし、異界には異界のルールがあり作法がある。たとえば猟師が山で狩猟をするには、さまざまな禁忌を守らなければならない。山に入ったらかならず「山言葉」を使うというのはその典型で、これも山がこの世とは異質な世界であることを物語っている。山で柴を刈るのも狩猟と似たようなところがあって、柴を刈ることじたいが特別な作業であり、そのためには山の神に選別される必要があったのである。山人は山の神から選ばれた特別な人間であり、したがって山人の柴刈りにはたんなる生業をこえて信仰的な意味があったと考えられる。より正確にいえば、生業と信仰は切り離すことのできない一体のもので、それを体現していたのがほかならぬ山人であった。

さきほどの出雲神楽に登場する柴叟も広い意味での山人といえる。もっとも、この場合は柴叟に身をやつした春日大明神だが、いずれにしても山の神の許可なしに勝手に柴を刈ることはできなかったらしい。たとえ山人であっても例外ではなかったのである。

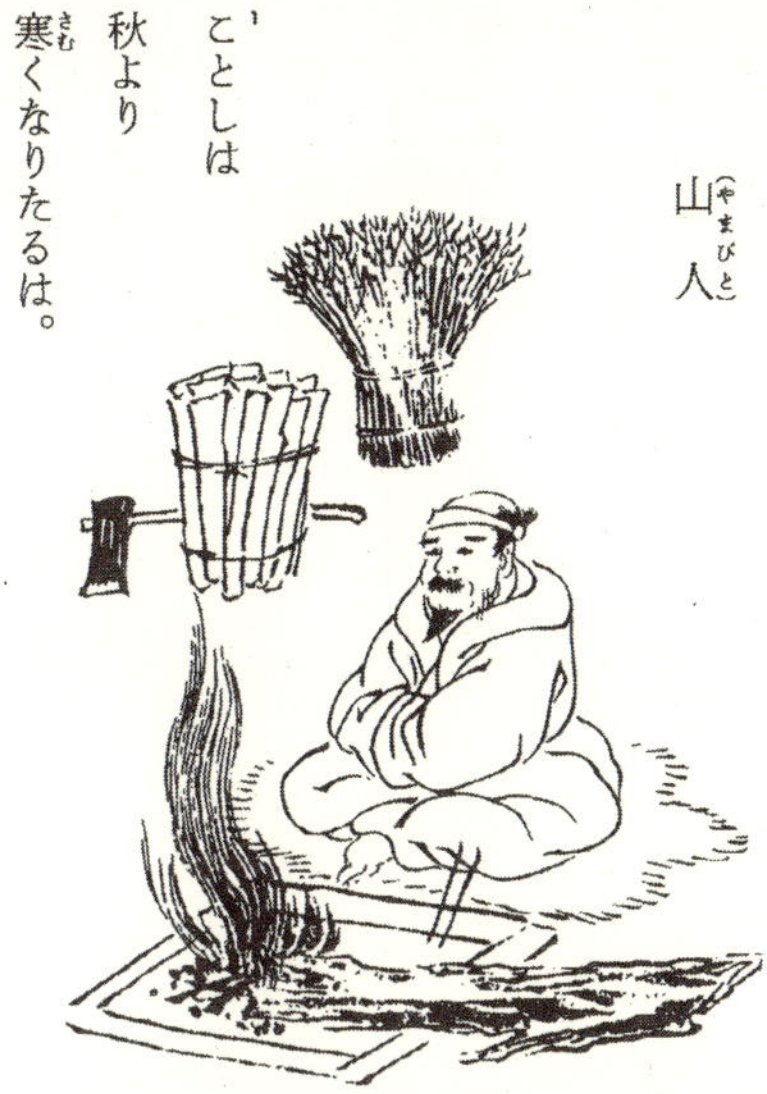
山人（やまびと）
ことしは
秋より
寒《さむ》くなりたるは。
山人の図。柴・薪・斧は山人の生業を象徴するものであった。『七十一番職人歌合』（新日本古典文学体系61より）。

柴刈りといえば、竜宮童子の昔話にも柴刈りの爺が登場する。刈り取った柴を神に捧げて幸運をさずかるところをみると、爺もまた神から選ばれた特別な人間であったのだろう。柴刈りといい、神から選ばれた人間といい、爺には山人に対する日本人の古い記憶が投影されているのではないかと考えられる。

桃太郎のお伽噺

爺と山人の関係についてはのちほどふれるとして、日本の昔話やお伽噺は「お爺さんは山へ柴刈りに」というフレーズではじまる話が多い。「桃太郎」のお伽話などはその代表格で、この話は「かちかち山」「舌切雀」「花咲爺」「猿蟹合戦」とならんで日本の五大お伽噺のひとつとされるが、この話の原形が日本ではなく中国にあることはよく知られている。

「桃太郎」は桃から小さ子が誕生するいわゆる異常出生譚とされる。伊藤清司氏によると、中国大陸には「小さ子」物語が多く、しかも少童の出生が果樹や果実を母胎とするものもあり、なかには「桃」の実から誕生した英雄譚も語られているという。また桃はわが国の原産ではなく、一説では黄河上流地方が原産地とされる。七千年以前の浙江省余姚県の河姆渡遺跡をはじめ江南の多くの新石器時代の遺跡から桃核が出土したというから、三、四千年以前にすでに中国では桃の栽培がはじまっていたらしい（『昔話伝説の源流』、二七五〜二八四頁）。

このように桃太郎説話の原形が中国にあることはたしかなようで、彼地で生まれた物語がわが国に移入されて日本風に翻案され、完成するのが室町末期から江戸初期とされている。桃太郎のお伽噺のルーツが中国にあるとすると、話の内容はもとより、「お爺さんは山へ柴刈りに」という語り出しのフレーズにも中国の風習や儀礼が少なからず反映されているはずである。

中国の説話文学に詳しい清田圭一氏によると、お爺さんが山へ柴刈りに行くのは、実は刈り取った柴を山頂で両手をささげて焚き、天の神に呼びかけて降臨を願うためであったという。お爺さんが山へ柴刈りに行くのは柴を売ってなりわいとするどころか、神聖な儀式のためであった。少なくとも桃太郎の原作ではそういうことらしい。

ところで、「桃太郎」のお伽話では「お爺さんは山へ柴刈りに、お婆さんは川へ洗濯に」とあるように、お爺さんの柴刈りとお婆さんの洗濯がいわば対照的に描かれている点にも注意したい。

清田氏によれば、お婆さんの洗濯にしても、これはいわゆるクリーニングのことではなく「水浴」のことだという。しかし水浴といっても水遊びとは関係がなく、禊《みそぎ》と同じ意味で、古代中国でいう洗濯とは「陽気が高まり草木の伸びが一通り終った時期（現在の四月中旬）に川の水を浴びて心身を浄める禊を指す言葉」とされる（『幻想説話学』、四〇頁）。禊は巫女が神の託宣を聴いたり雨乞いをする前に行う儀式であり、とくに川の流れのなかで薬草をもって穢れを取り除くことから「洗濯」といったのである。

洗濯する女。「扇面古写経」（『日本常民生活絵引』第一巻より）。

桃太郎のお婆さんが川へ洗濯に行くのは禊をするためであり、つまり彼女は巫女的な性格をもつ女性であった。洗濯に禊の意味があったのは中国にかぎらず日本でも同じである。季節は異なるけれども、十二月十三日を「山姥の洗濯日」と呼んでいる地方がある。長崎県の各地では、十二月十三日または二十日頃を「山姥の洗濯日」といい、かならず雨が降るので、この日は一般に洗濯をひかえるといわれている。しかしこの場合の洗濯にも禊の意味があったのではないだろうか。石上堅氏はこの伝承について、山姥が「心身の禊をする日であったのであろう」（『日本民俗語大辞典』、一三五五頁）と推測しているが、私も同感である。ここでいう山姥は山の神に仕える巫女のことで、この日は巫女が神事のために禊をする日であったのだろう。

春過ぎて　夏来るらし　白たへの　衣干したり　天の香具山　（巻一―二八）

『万葉集』におさめられた持統天皇の有名な御製歌である。実はこの歌も巫女の禊と関係があるらしい。通説では、天の香具山に白い着物が干してあるのを見て、春から夏へうつりゆく季節の推移を詠んだ歌だとされている。これでも間違いとはいえないが、しかし白い着物が干してあるのを「衣更え」の意味にとると、この歌の真意から大きくはずれる。この場合の白い着物は巫女の衣裳とみるべきで、折口信夫もこの歌にふれて次のように述べている。

其は、単に春夏交替の時期に行はれる更衣の為の曝布《さらしぎぬ》だと見られて来たのだが、さうばかりとも思はれない。穂積忠君の考えと、私の考えと搗きまぜて述べさせて貰ふ。山ごもりする処女たちが、斎衣を乾して置くのではないかとの推測である。穂積君は、南島の清水に関連した島の巫女たちの旧伝承を思うての美しい連想である。香具山で、禊ぎをする巫女が、其天羽衣とも言ふべき聖衣を脱ぎかけて置くものとするのだ。さなくとも、此頃村の処女の野遊び・山行きの時季で、後代は一日だが、以前は幾日か山中に処女だけが籠って、当年の田栽ゑの五月処女たるべき資格を得る為の物忌みをする事になって居た（『折口信夫全集』第九巻、三二四頁）。

折口によれば、この歌は五月乙女の資格を得るために巫女が山にこもって物忌みをしているのを詠んだもので、歌の背景を考えるには沖縄の久高島に伝わるイザイホーの祭りが参考になるという。

山にこもる早乙女

イザイホーは巫女になるためのいわば成巫儀礼である。久高島の女性はある年齢に達すると、全員がこの祭りに参加して村の神事に奉仕する巫女の資格を得るのである。巫女になる女性は額に白い鉢巻を締め、白い装束に身をつつみ、三日三晩小屋のなかにこもって物忌みの生活を送る。注意したいのは、山がないにもかかわらず小屋の裏を「イザイ山」と呼んでいることで、昔は実際に山にこもったことを推測させる。いずれにしても、この祭祀はかつて本土でも村の女性が巫女の資格を得るために忌みごもりをした時代があったことをうかがわせるもので、祭りに参加する女性たちは、日本の古い巫女の姿をいまに伝えるものではないだろうか。

巫女たちが身をつつんでいる白い装束に着目すると、さきほどの歌にある「白たへの衣」も巫女の衣裳であった可能性が高い。たぶん禊を終えた巫女が濡れた衣を干しているのだろう。この歌のポイントは「白たへの衣」をどうとるかにある。山に着物を干すのは通常の生活ではありえないし、いわんや衣更えの着物をわざわざ山に干しに行くのも奇想天外な話で考えにくい。

しかも香具山は「天の香具山」といわれるように、「天の」という連語がつくことが多く、この山が天から降った聖なる山、神の山であることを物語っている。神聖な山であればこそ、巫女が山にこもって物忌みの生活をしているわけで、「白たへの衣」はやはり巫女の衣裳とみるのが自然である。

そして折口の指摘にもあったように、この場合の巫女は早乙女のことで、その資格を得るために山ごもりをしているのだろう。

早乙女に関して折口はさきの論考のほかにもさまざまなところで言及している。折口の説を要約すると、その年の早乙女になる女性は田植に先立つ一週間ほど前に山に登って何日か生活するならわしがあった。これは一種の成女戒で、「早乙女定め」という。早乙女定めには花摘み、山ごもりの二つの行事があって、山ごもりでは禊も行われた。そして彼女たちは成女戒を受けたしるしに山ツツジの花を頭にかざして山から降りてくる。これは田の神に奉仕する女、つまり早乙女であることの徴《しるし》でもあった。

早乙女を山から迎えて田植をする伝統はつい最近まで農村に残されていたようである。これは野本寛一氏が『稲作民俗文化論』のなかで述べている。それによると、岡山県真庭郡八束村のある農家では、田植のとき六人の早乙女を一週間雇っていた。早乙女は後家または非農家の女が多く、なかには男もいた。興味深いのは、早乙女の出身地が同じ真庭郡でもさらに山深く田の少ない村、たとえば美甘村、新庄村、鳥取県東伯郡の山村であったという（二二三～四頁）。この村にかぎらず、田植には山深い地から早乙女を迎えるのが一般的なならわしであったらしい。

山深い地から早乙女を迎えるのは注目すべきで、これはあたかも山ごもりを終えた巫女が早乙女の資格を得て田の神に奉仕するために村にやって来るかのようであり、古風な儀礼をほうふつとさせる。古いならわしがかたちをかえて、このような習俗として残されたのではないだろうか。

早乙女の資格を得るために山にこもるのは、広い意味での春山入りの行事に含まれる。春山入りは山に登って見渡すかぎりの青葉や花を見るだけでなく、農作業の開始に合わせて行われる予祝儀礼でもあった。花を摘み、柴を刈り取り、それらを山から持ち帰り、田畑に挿して農作物の豊穣を祈願した。早乙女の資格を得るために巫女が山にこもるのも、春山入りの儀礼の一環として行われたと考えられる。早乙女は山から持ち帰った花や柴を田に挿して神を祀ったのだろう。「春過ぎて　夏来るらし　白たへの」という例の歌は、春山入りの儀礼がその背景にあり、巫女の山ごもりの生活を一種の風物詩として詠みこんだものと考えられる。巫女が山にこもって禊をする風習がかつてあったことは、この『万葉集』の歌からも推察できる。

洗濯と女の霊力

さきほど十二月十三日の「山姥の洗濯日」にふれたが、これも巫女の山ごもりの生活と関係がある。しかし一般に十二月十三日といえば、正月の準備にとりかかる事始めの日とされている。とくに正月の年木をこの日に伐りに行くという地方は多い。年木伐りのことを「十三柴」とか「小柴刈り」などと呼んでいることからわかるように、年木伐りは要するに柴刈りでもあった。柴刈りはもともと春山入りの儀礼に起源があって、春に山に登って柴を刈り、それを山から持ち帰って家の門や田に挿したことにはじまる。だから年木伐りのことを柴刈りというのは、春山入りの儀礼がのちに正月行事に組み込まれたことを示しているのだろう。

同じことは十二月十三日の「山姥の洗濯日」にもいえる。これも元来は春山入りの行事の一環として行われた巫女の禊に起源があって、それが正月行事に移行したものと考えられる。山姥は前にもいったように巫女のことで、十二月十三日は山姥すなわち巫女が禊をする日であり、またこの日は山へ柴刈りに行く日にもあたっている。これはたんなる偶然とは思えない。春山入りの儀礼はのちにその多くが正月に移行するが、巫女の禊も柴刈りも元来は春山入りの儀礼として行われていたもので、それが正月に移行したさい、事始めの儀礼に習合されたと考えられる。

今日ではまったく無関係と思われている「山姥の洗濯日」と年木伐りの風習が、実は同じ春山入りの儀礼に起源があったのである。

すると桃太郎のお伽噺でおなじみの「お爺さんは山へ柴刈りに、お婆さんは川へ洗濯に」という最初のフレーズも、たんなる架空の話でないことがわかる。実際に行われていた春山入りの儀礼が反映されているとみるべきで、かならずしも中国の影響とばかりはいえないようである。清田圭一氏も指摘するように、山に登って柴を焚き、川に入って洗濯をするのは、古代では年に一度ないし数度行わなければならない大切な宗教儀礼であった。とくに春の儀礼は重要で、日本でいえば春山入りの儀礼がこれにあたる。春山入りでは山に登って柴を刈り、あるいは巫女が早乙女の資格を得るために川の水で禊をしながら山ごもりの生活も行われた。春山入りがのちに正月に移行すると、柴刈りは「小柴刈り」とか「十三柴」などと呼ばれる事始めの行事になり、一方の巫女の禊は「山姥の洗濯日」という伝承に変化した。

ところで、「山姥の洗濯日」の洗濯は禊のことだが、一般に洗濯といえば衣服のよごれを取り除くという意味に使われる。洗濯になぜ禊の意味があるのだろうか。

もともと「洗濯」には衣服の汚れを取り除くという意味のほかに、ケガレを祓い浄化するという象徴的な意味もあったらしい。洗濯と禊が同義とされるのはそのためで、「命の洗濯」「鬼のいぬ間に洗濯」という俚諺が示すように、今日でも心身をリフレッシュする、気分転換をするという意味で「洗濯」ということばが使われる。この場合の「洗濯」にはケガレを祓い浄化するという古代的な禊の意味がかすかに感じられるようである。

勝浦令子氏が「『洗濯と女』ノート」という論考のなかで述べているように、そもそも洗濯とは不浄なものを濯ぐことで浄なるものへ変化させる呪術的な行為を意味したらしい。禊の意味もこれに由来するわけで、洗濯とは不浄なものから浄化されたものへ移行させる呪的なはたらきのことをいったのである。

生まれたばかりの赤子に産湯をつかわせることも広い意味での禊といえる。新生児はこの世のものともあの世のものともつかない中間的な存在である。赤子に産湯をつかわせることで、赤子はあの世からこの世に再生する。産湯をつかわせることは一種の禊であり、洗濯と同様に別の次元に転換させる呪術的な行為とみていい。実際に産湯をつかわせるのは産婆であり、産婆はこの世とあの世を仲介する呪力をもつ女性と考えられていたふしがある。産婆もまた桃太郎のお婆さん同様に巫女的な性格をもつ女性であり、その意味では血脈を同じくする女性ということができる。

洗濯には汚れたものから浄化されたものへ移行させる呪術的なはたらきがあり、女性は生まれながらにしてその能力をもっていると信じられたのである。洗濯はいわば女性特有の能力のひとつであり、のちに「洗濯女」という職能が発達するのも決して偶然ではない。これは汚れたものを浄化するという女性に特有な霊力の世俗化であった。

このように考えてくると、「お爺さんは山へ柴刈りに、お婆さんは川へ洗濯に」という桃太郎の語り出しのフレーズは、一面では男女の性差（＝ジェンダー）による役割分担を象徴的に述べたものとみることもできる。昔はそれだけ男女の性差にもとづく仕事や役割分担がはっきりしていたのである。

塩浜の図。潮汲みをする女性の姿が描かれている（『日本山海名物図会』より）。

柴刈りと洗濯

柴刈りと洗濯という男女を象徴する仕事に関連していえば、森鴎外の短編小説『山椒大夫』に、「奉公初は男が柴苅、女が汐汲と極まっている」というせりふがあるのも興味をそそられる。男の柴刈りはともかく、潮汲みがなぜ女の仕事とされたのだろうか。

潮汲みはいうまでもなく塩を焼くために海水を汲むことである。海水は潮《しお》ともいわれるように、潮と塩は語源的にも同根とされる。潮には塩分が含まれ、潮を煮つめて塩がつくられることを考えると、潮と塩はもともと同じもので、のちに海水の潮と区別するために「塩」という漢字をあてるようになったのだろう。塩にはものの腐敗を防いだり、あらゆるものを浄化するはたらきがある。塩は潮でもあるから、海水にも同じように不浄をはらう呪力があると信じられたらしい。したがって潮を汲むことじたいが一種の呪的な行為であり、汚れたものを浄化する洗濯と同様に女性の霊力にかかわる仕事とみなされたのである。

この伝統は近世まで続いていたようである。宝暦四年（一七五四）に初版が出た『日本山海名物図会』巻之三には「塩浜」の図があり、そこに潮汲みをする女性の姿が描かれている。そして跋文に「海より潮をくむ。皆女の所作なり」とあることからわかるように、当時にあっても潮汲みはいぜんとして女性の仕事であった。

潮汲みは力のいる仕事である。海辺で海水を汲み、それを何度も運ばなければならない。女性にとってはかなりの重労働で、今日なら体力にまさる男の仕事とみなされるにちがいない。ところが古代や中世では、体力のいる仕事は男、軽作業は女というような単純な分類ではなく、男女の性差によって仕事の役割が決められていたのである。その点、柴刈りと洗濯は男女の性差による分業を象徴的にあらわしたことばだといえよう。

「お爺さんは山へ柴刈りに、お婆さんは川へ洗濯に」というフレーズを、私たちは昔話やお伽噺がはじまるときのきまり文句として何気なく聞き流してしまうことが多い。しかしいまみてきたように、この常套句には文化や制度としてのジェンダーが色濃く反映されているのである。

とくに桃太郎説話の原作では、このフレーズがどうやら話の伏線として語られているようである。お婆さんが川へ洗濯に行くのは心身の禊のためであり、清田圭一氏のことばを借りると、「春の流れで心身を浄めた後に祖先の霊を降ろす儀式を執り行っていた」（前掲書、四〇頁）のである。一方のお爺さんの柴刈りだが、これは刈り取った柴を山頂で焚いて天の神の降臨を願うためであって、中国では祖霊は天の神と信じられていたらしい。だからお爺さんとお婆さんは名もない貧しい老夫婦などでは決してなかったのである。お婆さんは神のよります女巫、お爺さんはそれを扶けるシャーマン（男巫）であり、国家祖神の意思を聴いて大衆に宣るべき最高責任者であった。二人はいってみれば邪馬台国の女王卑弥呼と、その弟にも似た関係であったはずだと清田氏は述べている。

さらにいえば、お爺さんが山頂で柴を焚くのは、危機に瀕していた国（今日の村か郡に相当）を救う目的で祖霊の降臨を仰いだのであり、そこに桃が流れてきたのも偶然ではなく、祖霊の意思によってなされた呪法だという。そして桃から生まれた桃太郎が鬼征伐をなし遂げて、故国の危機を救い、この感動的な体験を子々孫々にまで語り伝えたのが桃太郎説話の最も原形に近いかたちであったらしい。

「お爺さんは山へ柴刈りに、お婆さんは川へ洗濯に」という桃太郎の有名な語り出しのフレーズを、私たちはごくありふれた老夫婦の日常生活のひとこまのように理解していたが、これはとんだ誤解であった。日本の桃太郎のお伽噺と中国の原形に近い説話のあいだには千里の径庭がある。桃太郎の説話が中国から日本に伝わり、日本人のあいだで語り継がれていくうちに、その背景にある中国の風習や儀礼が風化したらしい。その結果、本来の儀礼的な意味が換骨奪胎され、それと同時にお爺さんとお婆さんもまた一介の貧しい老夫婦になってしまったのである。

桃太郎の原作では、山へ柴刈りに行った爺さんは刈り取った柴を山頂で焚いて天の神の降臨を願った。古代中国では柴を焚くのは人間の意思を神に伝えるための手段と考えられていたのである。山頂で柴を焚くのは、そこが天の神に最も近いからで、立ちのぼる煙に乗って人間の願いが神にとどけられると信じたのであろう。

柴を焚く話は『今昔物語』巻十―三二にある中国説話にもみられる。戦に勝った太子が柴を焚いて、「今こそ国王の位についたぞ」と神に宣言する話で、王位についたことを神に承認してもらうために柴が焚かれた。古代中国では人間の意思や願望を神にとどけたり、神の承認を得るためによく柴が焚かれたらしい。

柴を焚く儀礼

山頂で柴を焚く風習は日本でも雨乞いの儀礼などでよくみられる。雨を降らせるのは雷神や竜神とされ、通常、雷神や竜神は雲の上をすみかにしていると考えられた。山頂で火を焚くのは、立ちのぼる煙に乗せて人間の意思を神に伝えようとしたのである。

雨乞いの儀礼のほかにヒフリ（火振り）の行事などでも山頂で柴が焚かれた。たとえば岩崎敏夫氏の報告では、かつて福島県相馬郡上真野小山田の大日山で行われていたヒフリの行事では山頂で柴が焚かれたという。これは旧盆の行事で、記録には「火明森、山上平なり。ここに火をたく。毎年七月七日○村の壮年十五より三十まで山にのぼり、柴を刈り之を積む。同月十四日十五両夜又山にのぼり柴を焚く。若し両日雨降れば同月晦日焚く」とあり、刈り取った柴は山頂に積まれ、そして焚かれた。この行事の由来については、昔、地元の火矢の原で戦死した人の亡霊を祀るとも、海や川で溺死した人の霊を弔うためともいわれているが、はっきりしたことはわからない。いずれにしても山頂で柴を焚くのは神や祖霊と交流をはかるためであり、古代中国にかぎらず日本でも同じような儀礼が行われていたことがわかる。

しかし柴を焚くのは雨乞いやヒフリの儀礼にかぎらないし、神事や祭事でもよく柴が焚かれる。最もさかんなのはやはり山の神祭りである。「山に行ったら必ず火を焚く。これは山の神が喜ぶ」とか、「毎年山にはじめて行くときは、先ず火を焚いて煙をあげねばならぬ。そうすると山の神様が大変よろこばれる」（堀田吉雄『山の神信仰の研究』、一九八～九頁）などといわれるように、山の神が柴を好み、火を好むことは各地に残る伝承が明らかにしている。山の神はなぜ柴を好み、火を好むのだろうか。これだけではその理由がよくわからない。ともかく柴を焚く儀礼について、もう少し類例をあげてみることにしよう。

常陸（茨城県）樺穂村長岡付近では坪ごとに山の神を祀り、十一月十五日の祭日に、祠の前で薪を燃やして火を焚き、大人たちは干鰯をあぶって酒を飲む。この程度の小さな焚火は福井県の若狭大飯郡や遠敷郡あたりの山の神祭りでもみられると堀田吉雄氏は述べている。京都府の南部では正月の初山入りに年木を切ったり柴を刈ったりするけれども、それを山の神の神前で焚く習慣がある。

また山の神祭りを山の神講と呼んで、同じような祭祀を行う地方もある。愛知県下などでは十一月七日に山の神講を行うところが多く、薪炭商、材木商など主に木材を扱う商人やその関係者たちが山神社前に燃料を積み上げて焼く。そして翌日は「お火焚き」といって、こちらは湯屋、鍛冶屋など火を扱う業者の祭日になっている（『綜合日本民俗語彙』第四巻、一六五四〜五頁）。薪炭商にしろ材木商にしろ、はたまた湯屋、鍛冶屋にしろ、いずれも木材や火を扱う業者の祭りである点は注目される。

山の神祭りや山の神講は山の神の神前で柴を積み上げて焚くことに特徴があり、しかも祭りの主催者は木材や火を扱う業者である。しかし山の神がなぜ柴を好み、火を好むのか、その理由はやはり釈然としない。

そこで少し発想を変えてみることにしよう。柴を焚くのは山の神を喜ばせるためだというけれども、これはたぶんのちの合理的付会であって、本来は別の理由があったのだろう。山で火を焚くのを生業にしている人々がいる。焼畑農民である。山で柴を焚くのは焼畑と関係があるのではないだろうか。

焼畑は山林の木を伐採し、そこを焼き払って畑にするわけだが、伐木や火入れの前には山の神に許しを乞い、安全を祈願する儀礼が行われる。四国や九州の山地では、焼畑の伐採や火入れのときには、山の神にお神酒や供物を供えて祀る慣行がいまでも行われている。佐々木高明氏によると、たとえば九州地方の日向の西米良村では焼畑作業のときに「木おろし唄」がうたわれるそうで、佐々木氏の著書から唄の一部を引用させていただくことにしよう。

今日吉日日柄を選べて、木の枝おろす今日の日を、
まもり給へよ今日のひめ。
我が此社の神数知らねども、のぼり始めの此の高木に、花せび立ちおきまいらする。
今日せび受けとり給えよ、今日のひめ。（『稲作以前』、二四四頁）

火入れの前に山林の伐木が行われるが、そのさい焼畑耕地のなかでいちばん背の高い木は梢をつけたまま切らずに

残しておく。これを山の神の依り代にするのである。木の梢に山の神や神霊が宿ると信じられていることは前にも述べた。

木おろし唄に出てくる「ひめ」は山の神のことで、山の神が女性であることからこう呼ばれる。「せび」は高い木の梢を意味する。唄の内容からいっても、焼畑作業の木おろしが山師や木地師のあいだで行われているトブサタテやキモライの儀礼によく似ていることがわかる。山師や木地師は焼畑を兼業することもままあったようだから、両者の儀礼が似ているのも別に不思議はない。

とくに南九州は焼畑農業がさかんで、またこの地域には「柴祭り」という古風な祭祀が残されている。実は柴祭りと焼畑農業は関係があって、焼畑農業の信仰的な側面を支えているのが柴祭りなのである。南九州地方の柴祭りについては第一章でも多少ふれたが、ここでは焼畑農業との関係に留意しながら、あらためてとりあげてみることにしよう。

焼畑と柴祭り

南九州の柴祭りについては小野重朗氏の『増補農耕儀礼の研究』が詳しいので、これを参考にすると、たとえば鹿児島県の大隅半島にある佐多町伊座敷の部落に伝わる柴祭りは、あらまし次のようにいとなまれる。

部落の裏山を三百メートルほど登ったところにシバントゲ（柴の峠）があり、この雑木林のなかにシバンカン（柴ン神）が祀られている。この柴ン神を祀るのが柴祭りで、もとは旧正月三日、現在は新正月三日に行われる。三日の早朝、神職四名が三組に分かれ部落代表の伴人とともに川で水を浴びたあと、暗いうちに柴ン神に登っていく。伴人は途中、ホラ貝を吹いて進むが、この柴山に向かう神官のことをシボバイといって、このシボバイに行き会った人は死ぬといわれている。部落の人たちは家に閉じこもって外出しない。柴山の柴ン神はシバノキ（ヒサカキ）のことで、この木の根方に持参したシメナワを一重まわし、シトギと砂糖入りの焼酎を供えて祀る。それが終ると、かたわらの数坪の草原に枯れ枝を集めて火をさかんに燃やす。苞に入れて持ってきたシトギを火で焼いてシシノシバヤキ（猪の柴焼）といって、みなで食べる。「今年も大きなシシがとれてよかった」などとたがいに言い合い、焼酎も飲んで、これで柴祭りは終りである。帰りは部落を見下ろすところにくると、部落に向かってホラ貝を大きく吹きならす。ホラ貝の音を聞いて、部落の人たちは「柴ン口が開いた」「山ン口が開いた」といって、これではじめて山に行って薪を取ったり、木を切ってもよいことになる。

また佐多町辺塚の打詰の部落にはシバンカンともシバヤマとも呼ばれる聖地があり、ここで柴祭りがいとなまれる。十二月十三日に神主は赤木谷という山に行き、サカキの柴を十本ほど折ってきて大川の水のなかに漬けておく。大晦日にその柴をもって神主は部落から選ばれた伴人と一緒にシバ山に行き、石の祠の前に柴を立てる。そして昔は元旦から七日まで、いまは三日まで神主と伴人は神主家にこもる。正月三日の忌み明けに、二人は大川で禊をして柴山に行く。神主は呪文を唱えながら進み、シバ山に入り、石の祠の前で柴に向かって祭りをしたあと、神主の合図で伴人は用意してある木を焚き、生のカラ竹をその火にくべてパンパンと鳴らす。この音を聞き、大火を見て、部落の人たちは野外に火を持ち出したり戸外で火を焚いてもいいことになる。そして四日にはシバアゲがあり、神主は赤木谷に行って椎茸を採ってくる。このシイタケを採ると山ン口が明くといって、部落の人々も山に木などを伐りに行くことが許されるのである（一一五〜六頁）。

柴祭りは餅を弓矢で射る（田代村麓）、餅を鉄砲で打つ（垂水市中俣）、シシの形をしたものを射る（大根占町池田）など、狩りの真似ごとをともなうことも多く、一見、狩猟開始の儀礼のように思われるかもしれない。しかし一方では、佐多町辺塚の打詰の部落の事例のように、山にシイタケを採りにいく、木を伐りにいくなど、山の口明けの儀礼を思わせる要素もある。そして祭りの場ではかならずといっていいほど火が焚かれるのは重要で、これにはおそらく「火の使い始め」という意味があるのだろう。

このように柴祭りには狩猟の開始、山の口明け、火の使い始めなど、さまざまな要素が複雑にからみあっている。とくに火の使い始めについていえば、これは野外に火を持ち出したり、戸外で火を焚いてもいいなど、火といっても竈やイロリの火ではなく、いわゆる野火である。この野火をめぐっては小野重朗氏も注目している。そして柴祭りの中心地帯は山地で、農業は陸稲や粟を主作物とした畑作地帯であったようだといい、この野火は畑作と深い関係があって、「古くは野火が畑作農業の一番はじめの作業」ではなかったかと推測している。つまり、柴祭りで焚かれる火は、実は焼畑の「火入れ」を象徴しているのではないかと考えられる。

さらに小野氏によれば、柴祭りの祭神は多くの地方にみられる峠に祀られた柴の神、柴折り神などと同質の神であることも明らかで、昔は日本のかなり広い範囲にわたってこのような柴祭りが行われていたのではないかともいう。そして柴祭りがのちに山の神祭りや山の神講に発展することも容易に想像できるだろう。山の神の神前で柴や薪を積み上げて焚くのも、もとをたどれば柴祭りに、さらに古くは焼畑の「火入れ」に起源があるとみられる。山の神は柴を好み、火を好むという伝承もたぶん焼畑文化圏のなかからうまれたのだろう。そのあたりをもう少し詳しくみていくことにしよう。

焼畑の「火入れ」

焼畑は山林などの草木を伐採し乾燥させて火で焼き払い、そこにできた空地で雑穀や芋類などを栽培する。草木を焼き払ったあとに残る灰はそのまま焼畑地の肥料として利用される。灰はいってみれば草木の死骸であり、草木の死が作物という新しい生命を生み出すのである。灰はまさに死と再生のシンボルであり、枯木に灰をまいて花を咲かせる「花咲爺」の昔話は、灰が死と再生の象徴であることを具体的に語った話とみることができる。灰をまいて枯木に花を咲かせるというのは、野本寛一氏も指摘するように（『焼畑民俗文化論』、二七七頁）、焼畑文化圏ならではの発想といえよう。

焼畑は草木を焼くことで灰が残り、その灰が作物の成長に欠かせない肥料になる。草木の灰はまさに焼畑のいのちである。したがって草木を焼き払う「火入れ」が焼畑では最も大事な作業とされているのである。焼畑の火入れは「秋伐り春焼き」といって、一般的には秋に木を伐採し、翌年の春に火入れをする。伐木から火入れまで期間をあけるのは、伐り払った草木を乾燥させて燃えやすくするためである。火入れをする一か月前には焼畑予定地の周囲に延焼を防ぐためのホソケミチ（火退け道）を開いておく。こうして「火入れ」の作業に入るわけだが、焼畑の火入れは、一方では「火伏せ」という相反する作業がともなうのも特徴である。

焼畑は山腹の斜面を利用することが多い。野本寛一氏の説明では、傾斜地を焼畑にするには、延焼を防ぐために火入れはかならず上部から焼きおろす。そして三分の二ほど焼きさがったところで下から火を入れる。火で火を鎮めるのである。下から火をつけると火はかならず上に燃えのぼってゆく。最初から傾斜地の下部に火を入れると、火が走ってしまい焼け残りが多くなるばかりか、かえって延焼の危険性すら強まる。火と火を合せることで、火を止める方法が用いられるのである。日本武尊が火難にさいして火をもって火を防いだという伝承は、このような焼畑技術にもとづいているのだという（「焼畑文化の形成」）。

元来、傾斜地になった焼畑の中央は山の神がそこを境界として火を抑えてくれる場と信じられていたらしい。火は両刃の剣であり、一歩まちがえれば人間にとって脅威となる。焼畑農民はそうした火の「恵み」と「脅威」の両面について熟知していたのだと野本氏は述べている。焼畑農民の火の管理能力はたしかに注目すべきものがある。

そもそも焼畑は山の神の庇護のもとに行われる呪術的な作業という一面があった。千葉徳爾氏によると、奈良県吉野郡の奥地では、焼畑をつくるさい、その四方に杭を打って山の神から使用を許可してもらうジモライの儀礼が行われていたらしい（『狩猟伝承』、二八四頁）。これは猟師のあいだに伝わるシバサシの儀礼とよく似ている。すでにふれたように、シバサシは猟師が山野に野宿するとき地面の四方に柴を挿して、山の神に「宿を貸してください」といって許しを乞う儀礼である。おそらく焼畑のジモライの儀礼でも、古くは杭を打つのではなく柴を挿したのではないだろうか。最初は柴を挿していたのが、のちになって杭に変わったのだろう。

焼畑農民が行うジモライの儀礼と猟師のあいだに伝わるシバサシの儀礼が似ているのは何か理由があるのだろうか。これは焼畑農民と猟師の結びつきを示すもので、猟師が焼畑農民に教えた可能性を示唆している。あるいは焼畑農民がかつて生活手段として狩猟を行っていた消息を伝えるものといえるかもしれない。

狩猟の歴史は古く、人類の歴史とともにはじまったといっても過言ではない。弥生時代になると狩猟にかわって農耕がさかんになるけれども、山地では狩猟・採集を主とした生活がしばらく続いていたようである。その一方では、宮本常一氏が指摘するように、狩猟の技術をもつ者がやがて山間に立地する農耕の村に雇われて、農作物を鳥獣害から守る役目を引き受けるようになり、しだいに農村と結びつくようになったらしい（『山に生きる人々』、三一頁）。狩猟の技術をもつ猟師が焼畑農民と接触し結びつくことで、彼らは焼畑農民に同化していったのだろう。猟師が行うシバサシによく似た儀礼が焼畑でみられたり、焼畑文化圏で行われている柴祭りに狩猟的な要素が入り込んでいるのもその間の事情を説明する。

山人のイメージ

焼畑の火入れの話にもどると、火入れで見逃せないのは、さまざまな場面で柴が象徴的に扱われていることである。二、三例をあげると、火入れのとき焼畑地に木の枝や柴を立てて祈る地方がある。野本寛一氏によると、静岡市田代では、クロモジの枝三本を立てて安全を祈ったという（「焼畑文化の形成」）。木の枝や柴を立てるのは、これを依り代にして山の神が降臨すると信じられたのだろう。これは火入れそのものが山の神を迎えて行われる一種の神事であったことを物語っている。

そもそも火はこの世ではなく異界に属している。たとえば火を扱う竈が内なる異界とされるのはそのためである。焼畑の火入れも同様で、それは異界の出現に深くかかわっていた。火入れのさい、火を抑制したりコントロールするのは山の神と信じられ、火入れは山の神を迎えて行われる一種の神事であった。焼畑地に木の枝や柴を立てて祈るのは、山の神の降臨を願いつつ、火入れが無事に終ることを祈願したのである。

また延焼を防止するために「火打ち柴」と呼ばれる柴が使われることもある。野本氏によれば、高知県吾川郡吾川町上名野川では、焼畑地の上部中央に「火打ち柴」と称して五～六尺（一・五～一・八メートル）の杉の枝を立て、「飛ぶものは飛んで逃げよ。這うものは這って逃げよ。アブラウンケンソワカ」と唱えて火をつけた。延焼したときはこの火打ち柴で叩いて消した。静岡県伊東市大室山の山焼きではフンギリボー（火切り棒）という火叩きが用いられる。二メートルほどの椎や樫の枝の先端を柴で固めたもので、焼畑の延焼防止具としても同様のものが使われていたという（同前）。

火打ち柴にしろフンギリボーにしろ、延焼防止のための実用的な道具としての要素が強い。しかしこれも火入れのとき焼畑地に立てた木の枝や柴に起源があって、それが発展したものではないかと考えられる。この場合の木の枝や柴は山の神の依り代だが、第一章で述べたように、柴には死者の霊魂を封じ込める呪力があった。また柴の呪力には火を鎮火させたり抑制するはたらきもあったようで、これはたとえば原始的な炭焼きで延焼を抑えるのに柴が用いられることからも推測できる。

原始的な炭焼きはいわゆる炭竈は使わずに、地面を掘りくぼめて、そこに炭材を積んで火をかける素朴な方法がとられる。火が燃えさかると、上に土や灰をかけて燃焼を抑える。なかには青柴をかけることもあった。青柴に含まれる水気が火を抑制するとも考えられるが、これも柴の呪力によって火を抑制し、コントロールするという古い信仰からくるのだろう。同じことは焼畑の火入れで用いられる火打ち柴やフンギリボーにもいえるのではないだろうか。火打ち柴やフンギリボーは柴を利用した延焼防止具には違いないけれども、その起源はやはり柴の呪力に由来するとみられる。柴には火を抑制したりコントロールする呪力があることから、その柴がしだいにかたちをととのえて実用的な延焼防止具に発展したのだろう。

ところで焼畑は火入れの前に木の伐採という作業がある。木を伐採するためにいったん木に登ると、作業が終るまで木から降りることはなく、木から木へ竿をつたって移動したといわれるように、焼畑農民は木の伐採にも熟達していた。

また焼畑の実りの時期をむかえると、農作物を猪や鹿など害獣から守るために狩猟も行われた。さきほどもいったように、かつては狩猟の技術をもつ猟師が雇われてその役目を引き受けていたが、しだいに焼畑農民との結びつきを強め、ついには焼畑農民に同化してしまう。これは木材の伐り出しを生業とする山師にもいえることで、彼らもまた猟師と同じように焼畑農民に同化したのだろう。焼畑農民が農業のほかに木の伐採や狩猟にも熟達していたのは、たぶん山師や猟師から技術を学んだものと考えられる。

このように焼畑農民は猟師や山師を兼ねていたのである。つまり焼畑農民の職能は山人のそれにほぼ重なるといってもいい。野本寛一氏も、「山人」なるものがあるとすれば、実際には「狩猟・採集と焼畑農業を複合させた古代焼畑農民であったことが推察される」と述べている（『焼畑民俗文化論』、四四四頁）。いずれにしても焼畑農民は農耕を中心に狩猟や採集も兼ねた複合的な暮しをいとなんでいたらしい。山人といういささか漠然とした響きをもつ言葉の背後に見え隠れするのは焼畑農民の姿であり、どうやら彼らこそ山地を舞台に生活する山人の系譜につらなる人々といえそうである。

第五章　山人と祭祀

宮廷の祭りに参列する山人

山人の柴刈りにはたんなる生業をこえて信仰的な一面があったことは前章で述べた。ここでは山人の職能をさらに具体的にみていくことにしよう。

山人はもっぱら山中を仕事の場とするが、ときに山をくだって宮廷の祭りに参列することもあった。『兵範記』仁安二年（一一六七）十一月八日のくだりには平野祭の記事があって、そのなかに「次迎山人、々々参入積薪、山人申祭礼儀式次第如例、云々」とあり、山人が祭礼に参入し、薪を積んだことが記されている。また『江家次第』の梅宮祭のくだりには「山人燎二庭火於東西一」、つまり山人が庭の東西において庭火を焚くとあり、薪を積むのは庭火を焚くためであったことがわかる。

山人は祭りの庭に薪を積み、庭火の役をつとめたことが以上から明らかになる。庭火については後述するとして、山人はほかにもさまざまな役回りで宮廷の祭りに参加していたようである。平野祭の次第に関しては『儀式』が詳しいので、そのうち山人の役回りに関する部分を抜き出してみよう。

山人廿人、〔用二左右衛士一〕執二賢木一、次列二立机前一、〔西面北上〕以レ次申二神壽詞一、訖炊女四人、進受二賢木一復二本座〔謂二門内座一〕一、于レ時琴歌發レ聲、炊女四人東向起舞、訖以二酒肴一賜二山人等一、訖琴師炊女復二本座一、〔謂二舎内座一〕訖山人左右相分立二薪庭中一退出、（中略）次歌人發レ聲、〔先神祇、後雅楽〕左右山人共起和舞、次神主二人共舞、（中略）次山人和舞、……

これによると、山人は薪を庭に積むだけでなく、榊を執って捧げる、神寿詞を奏する、和舞を舞うなどの役回りで祭祀に奉仕していたことがわかる。もっとも、「山人廿人」の割注に「左右衛士を代用する」とあるように、この時代になると実際には山人ではなく、宮廷の左右衛士が山人に扮してその役柄を代行していたようである。衛士はもともと宮廷の警固や護衛をつとめる官吏であったが、平安中期以降はもっぱら祭礼などで舞楽を演じる任にあたっていた。だからここでいう「山人」は、正確には山人に扮した衛士のことである。

かつて山人が宮廷の祭礼に参入したことは柳田国男も『山の人生』のなかで指摘している。柳田は、平野社の四座祭、園神三座などに出て仕えた山人が庭火の役をつとめたことは『江家次第』などにもみえるといい、しかも「祭の折に賢木を執って神人に渡す役を、元は山人が仕え申したといふことは、尤も注意を要する」と述べている（『定本柳田國男集』第四巻、一七六頁）。ここでいう賢木（榊）も、古くは山人が山を降りるさい山苞として持参したものであろう。

また柳田は山人が宮廷の祭礼に召される理由についても言及し、「只の朝廷の体裁装飾で無く、或は山から神霊を御降し申す為に、欠くべからざる方式では無かったか」と推測している（同前）。山人が祭礼に参入する主な理由は山から神霊を降ろすことにあったようだという。この指摘は重要で、山人は山の神に仕えるシャーマンのような人物であったことを考えれば、柳田の意図する意味がよくわかる。山人は具体的にはどのようにして神霊を降ろしたのだろうか。

さきほど引いた『儀式』の平野祭の次第には、山人の役回りとして、薪を庭に積む、榊を執って捧げる、神寿詞を奏する、和舞を舞うなどがあげられていた。神霊を降ろすことからいえば、とくに舞は見逃せない。

舞には採物がつきもので、『江家次第』の平野祭のくだりにも「榊枝を取りて舞ふなり」とあり、山人は榊を採物にして舞を舞ったことがわかる。すでにみたように、採物は『神楽歌』によれば榊を含め九種あり、いずれも神の依り代とされた。採物はいってみれば神霊を受信するアンテナのようなもので、神はこのアンテナをたよりに降りてくると信じられた。山人が採物を取って舞うことで採物に神霊が降り、その採物をもつ舞人に神霊が宿ると考えられたらしい。しかし採物にかぎらず、舞そのものにも神霊を憑依させるはたらきがあったようである。

舞うことの意味

まひ（舞ひ）はマハリ（廻）と語源的に同根とされるように、舞の特徴をひとことでいえば旋回運動にある。折口信夫も「国文学の発生」（第四稿）のなかで舞と踊りの違いにふれながら、「をどりは飛び上る動作で、まひは旋回運動」であると述べている（『折口信夫全集』第一巻、二二一頁）。舞はくるくると旋回するところに特徴があり、その旋回運動によって、舞人は円の中心に吸い込まれていくような感覚にとらわれるのではないだろうか。この感覚はしだいに高揚感へと変わり、さらには一種の酩酊状態、またはトランス状態へと舞人を導く。これがいわゆる神や神霊が憑依した状態で、くるくると旋回することによって聖なるものとの一体感がうまれるのである。

しかしこれは舞だけの専売特許ではなく、一般に旋回運動には聖なるものを喚起させるはたらきがあったようである。たとえば『日本書紀』仁徳天皇のくだりは、次のような逸話を伝えている。宮の北部を流れる河の塵芥を防ぐために茨田《まんだ》の堤を築いたが、築いても崩れるところがあるので、茨田連衫子《まんだのむらじころものこ》を河伯《かはのかみ》の人身御供にささげることにした。

茨田連衫子は犠牲にされる前に、ヒサゴを河に浮かべて神意を占うと、にわかにつむじ風が起こり、ヒサゴを水中に引き込もうとした。しかしヒサゴは「浪の上に轉《ま》ひつつ沈まず」、つまり波の上で回転するばかりで沈まなかったという。ヒサゴは採物にも使われることからわかるように、神の依り代であり、波の上でヒサゴが回転するのは神霊が憑依した状態を示している。

また『大平記』巻三十九の「神本入洛長講堂御座の事」には、独楽で遊んでいた子供に神霊がのり移った話が語られている。長講堂の大庭で独楽を回して遊んでいた十歳くらいの子供が急に物狂いになって、一、二丈も飛び上がり、跳ねることが三日三晩も続いた。参詣人が不思議に思って、「何神様がお憑きなされたのか」と問うと、物狂いの子供は託宣めいた歌を詠じて、ようやく正気にかえったという。

子供は回転する独楽を見ているうちに、その動きに同調し、みずからも回転する独楽と化してしまったのだろう。子供は忘我の境地で、託宣めいたことを口走るなど、まさに神霊が憑依した状態である。

くるくる回ることは人間に特殊な心的効果をもたらすが、いまの例でもわかるように、これは遊びやスポーツの世界でもみられる現象である。今福龍太氏は旋回運動を特徴とする遊びやスポーツを例にあげながら、旋回運動と聖なるものとの関係について述べている。それによると、風車、座敷でぐるぐるまわって目を回す子供の遊戯、カゴメカゴメ、能のゆるやかにまわる舞、歌舞伎のまわり舞台の仕掛け、さらにはフィギュア・スケートのスピンなども旋回を特徴とし、これらがみな「一種の酩酊状態をつくりだすことによって非日常的な聖なるなにものかとの連続性を回復しようとする原初的なみぶり」と関連しているのだという(『感覚の天使たちへ』、二四二頁)。

くるくると旋回することは、非日常的な聖なるものとの連続性を回復する行為だとすると、この原初的な身振りから生まれ、それを形式化したのが舞にほかならない。舞人はくるくると舞うことで、聖なるものと一体化する。言い換えれば、みずからの身体に神を憑依させるのである。これが舞を舞うことの本来の意義であって、舞そのものに神霊をよりつかせるはたらきがあったのである。

これは「舞」という漢字の成り立ちをみてもわかる。「舞」の原形は「無」で、甲骨文では巫女が舞う姿をかたどったものだとされる。それがのちに足をあらわす「舛」が書き加えられて「舞」になったという（朱家駿『神霊の音ずれ』、七四頁）。

また巫女の舞は神を降ろすことにかかわっていたが、これは『説文解字』に、巫は「祝《はふり》なり、女の能《よ》く無形に事《つか》へ、舞を以て神を降ろす者なり」（「祝也、女能事無形、以舞降神者也」）とあることからも明らかである（『白川静著作集』別巻・説文新義3、四九頁）。要するに漢字の「舞」は巫女が神を降ろすために舞う姿をかたどったもので、シャーマンに特有の呪術的な所作からうまれたのである。

この世とあの世を媒介する煙

山人が宮廷の祭祀に参入して舞を舞うのもやはり神霊を降ろすことにあったのである。そのほか山人が焚く庭火も神霊の降臨とかかわっていたらしい。『江家次第』や『兵範記』などをみると、梅宮神社の梅宮祭で山人が庭火の役をつとめたことが記されている。とくに興味深いのは『兵範記』の仁安元年十一月九日己酉の条に、「山人自二南門外一荷レ薪参入、積二祭庭一……」という一文があることで、山人は南門の外から自分で薪を荷なって参入し、祭りの庭に積んだという。これはかつて山人が山苞の薪をかついで山から降りてきたことをうかがわせるもので、薪も古くは山人が山から持参する山苞のひとつであったらしい。そうした古いしきたりの名残りが、この一文から読みとることができる。

山人が山を降りるさい持参する山苞には榊のほかに薪もあった。いずれにしても山人は薪を庭に積み、その薪で庭火を焚いたのである。

庭火は庭燎とも表記され、文字通り庭で焚く火のことである。この場合の庭には神事が行われる神聖な場という意味があり、庭火にはたんなる照明という機能のほかに、庭を浄化するという象徴的な意味もあったらしい。もともと火は神聖で浄化作用があるから、火を焚くことで庭が浄化され神聖化する。これはたとえば柴を四隅に挿すと、その内部が聖域化するのと理屈は同じで、庭火にも柴と同じような呪力があったようである。慶長八年（一六〇三）に刊行された『日葡辞書』の庭火の項には、「儀式として神の前で焚く火」とあり、神前で焚く火のことだと説明している。逆にいえば、庭火を焚くことで、そこに神が出現するという意味にもとれる。庭火には神を出現させるはたらきがあったようで、この庭火の役を山人がつとめたのは深いいわれがある。山人はここでも神を降ろすことにかかわっていたらしい。

俗に神は火を目印に来臨するといわれる。一般に祭りは宵の刻からはじまることもあって、神はこの火をたよりに訪れると考えられている。しかし火を焚けばかならず煙が出るように、火と煙はいわば紙の裏表の関係にある。とくに煙は上昇して、やがて天に昇る。煙にはこの世とあの世を媒介するというイメージがあり、そのために煙は人間が神霊と交信するための手段とも考えられたらしい。闇を赤々と照らすかがり火は文字通り目印であって、神はむしろ煙に乗ってあの世から降臨すると信じられたのではないだろうか。立ち上る煙がこの世とあの世を直接結びつける。祭りの庭に焚かれる庭火は、火だけでなく煙にも意味があったのである。

「ケムリ」（煙）は古くはケブリと発音された。『和名抄』の烟（けぶり）の項には、「介布利　火焼草木黒気也」とあり、火で草木を焼いたときの「黒い気」のことだという。「気」には呼吸、気息、気体などのほかに霊魂や魂の意味もあるから、煙は霊質を含んだ黒い気のこと、つまり煙と霊魂はほとんど同じとみられていたようである。霊魂は目に見えないが、かりに目に見えるかたちをとってあらわれたのが煙といえるかもしれない。霊魂はしばしば煙に乗って、この世とあの世を往還するとみられていたようである。

たとえば正月行事でもさまざまな場面で火が焚かれるが、ここでも煙のはたす役割は決して小さくない。年神は大晦日の晩から元旦にかけて来訪する。大晦日の晩は「年越しドンド」などといって、大火を焚く習慣があり、これも煙に乗って年神がやって来ると信じられたのだろう。

また正月十四日あるいは十五日には小正月のドンド焼が行われる。これは年神を迎える年越しドンドとはちょうど逆で、年神を送る行事である。各戸から持ち寄った門松やシメ縄を焼き、その煙に乗って年神が還っていくのだとされる。

京都の八坂神社に伝わる有名な白朮《おけら》祭りでは、昔は煙のなびく方角で豊凶を占ったというから、やはり煙が神聖視されていたようである。白朮祭りは正月元旦未明の寅の刻に行われる。十二月二十八日にきり出された新しい火が折敷に盛った削り掛けに移され、これに白朮を加えて焼く。白朮祭りというのはこれに由来する。本山桂川著『日本の祭礼』によると、このとき拝殿をはさんで東側と西側に群衆がそれぞれ分かれて集まり、煙が風のまにまに東へなびけばその年は近江が凶年の兆しで、逆に西であれば丹波が凶年の兆しとされる。そこで東側の群衆は「丹波丹波」と連呼し、丹波へ煙を向けさせようとする。西側の群衆も負けていないで「近江近江」と呼応し、たがいにその豊凶を占うのだという（一一三〜四頁）。

白朮祭りも本来は年神を迎えるための儀礼であったのだろう。それがのちに煙のなびき方で豊凶を占うように変質したと考えられる。いずれにしても、煙と神霊との深いかかわりが占いの前提にあることは間違いない。

このように祭りや行事でさかんに火を焚くのは、火にとどまらず煙にも意味があったのである。

ものを焼けば煙が出る。一般にものを焼くことは、人間が神と意思疎通をはかるためのひとつの方法であったらしい。とくに古代では神霊を招き降ろすために柴や薪を焚くならわしがあったけれども、この伝統は中世にも受け継がれている。千々和到氏や西口順子氏の研究によると、中世では人間の願いを神仏にとどけるのによく文書が焼かれたという。「火が燃え、煙が立ちのぼることは、神仏の意思の伝達ないし信号の手段であり、灰になることは、神仏が受納したしるし」であったと西口氏は述べている（「火・煙・灰」）。これは柴や薪を焚いて神霊を招き降ろす古代の伝統と明らかに軌を一にするもので、煙にはこの世とあの世を媒介するはたらきがあり、文書を焼くのはそうした古い信仰に一定のかたちをあたえたものだといえる。

立ちのぼる煙は人間と神仏との意思疎通の手段であった。祭祀でよく火が焚かれるのも、それが神と人間の交流に最適な方法とみられていたからだろう。これは庭火についてもいえることで、神霊は煙に乗って祭りの場に降り立つと考えられた。庭火は祭場を照らす明りにとどまらず、神を降ろすための装置でもあった。山人が庭火の役をつとめたのも神霊を降ろす呪術に熟達していたからで、山の神に仕える山人ならではといえよう。

神霊を降ろす

ところで、野本寛一氏によると、山人のルーツは古代焼畑農民とされる。さらに野本氏は、山人が宮廷の庭火の役をつとめたことも焼畑と関係があって、「焼畑農業において火の力を熟知していた山人の力が評価されていた」のだと述べている（「焼畑文化の形成」）。山人が焼畑農業の経験から火の管理に熟達していたことは間違いない。山人が庭火の役をつとめたのも、火の力を熟知していた点が評価されたのだという指摘はたしかに一理ある。

しかし庭火の役といっても、実際には焼畑の火入れのような高度な火の管理技術が要求されるわけではなく、むしろ神を降ろす呪術のほうが高く評価されていたのではないだろうか。古い時代の焼畑は呪術的な要素が強く、とくに火入れは山の神を迎えて行われる一種の神事であったことを考えればなおさらであろう。庭火にかぎっていえば、火を扱う技術と神を降ろす呪術は一体のもので、山人はそのような意味で「火の力を熟知していた」のである。
山人が宮廷の祭礼に参入する主たる役割は霊媒者のそれに似ていたはずである。山人はいってみれば神霊の意思を伝える霊媒者として祭祀に参加しているのであり、庭火の役も本来はその一環として行われたのだろう。山人は庭火を焚く、榊を執ってささげる、神寿詞を奏する、和舞を舞うなどの役回りで祭祀に奉仕していたが、これらはみな神霊を降ろすことに深くかかわっていたようである。

山人は宮廷の祭礼にかぎらず民間の行事にも積極的に参加していたらしい。たとえば山形県西置賜郡東根村に伝わる年中行事がそのことを示唆している。この村では旧二月十七日に山の神の託宣を聞く行事があって、このときの憑依者はヨリと呼ばれる男巫である（堀田吉雄『山の神信仰の研究』、一二六頁）。この男巫が山人の後裔にあたることは想像にかたくない。逆にこの儀礼から察するに、神がかりしながら山の神の託宣を聞くことが山人の主要な職務のひとつであったらしい。

男巫の神がかりにはおそらく舞がともなったはずで、巫者は旋回を繰り返すうちに、恍惚の境をさまよい、神の託宣を行ったのであろう。三隅治雄氏によると、室町時代になると幸若舞が興隆する。これは古代の歴史物語や源平合戦、曽我兄弟の物語などを朗々と語りながら舞うもので、東北の山岳を拠点とする山伏たちも同様の語り物を語りつつ舞う劇的な舞曲を編み出して、里の家々をめぐって布教の手段に演じたという（『踊りの宇宙』、一〇二頁）。山形県西置賜郡東根村に伝わる神の託宣を聞く行事も、実際は語り物と舞を中心にしたものであったのだろう。語り物を語りつつ旋回を繰り返すうちに男巫に神霊がのりうつり、そして夢うつつのなかで神の言葉を宣《の》る。この場合の男巫に山人の面影をみることができるように思う。

山人は宮廷の祭礼のほかさまざまな祭りや行事に招かれては、山の神の託宣を聴いたり神霊を降ろすことにかかわっていた。そのさい庭火も焚かれたが、燃料の薪は古くは山人が山から持参する山苞であった。庭火を焚くのは、さきほどもいったように、たんなる照明のほかに神霊を降ろすためでもあり、神は庭火から立ちのぼる煙に乗って祭場に降臨すると信じられた。したがって庭火で焚かれる薪もたんなる燃料というよりも、神聖な呪具という意味合いが強かったようである。とくに宮廷の祭礼では、薪は庭に積み上げられる。この章の冒頭でふれたように、『儀式』の平野祭のくだりに山人が「立㆓薪庭中㆒」とあるのはそのことを示している。そしてのちには積み上げられた薪そのものを神霊の依り代とみなすようになる。神霊は積み上げられた薪を依り代にして降臨すると考えられたのである。これがさらに御竈木に発展するわけで、いずれにしても薪を積み上げる形式が庭火の慣習からきていることは間違いなさそうである。

すでに述べたように、神の依り代は山に自生する生木を根こじにして引いてきたことにはじまる。生木そのものに山の神霊が宿ると信じられたのである。この大がかりな方法がやがて簡略化されると、根元から木を伐ってくるようになる。これが南九州あたりに伝わる若木切りの儀礼につながるのである。これをさらに簡略化したのが「小柴刈り」とか「十三柴」などと呼ばれる年木切りの風習である。柴とはいえ、これも山に自生する樹木の一部であるから、その柴を刈って持ち帰ることが山の神の分霊をお迎えするのと同じ意味になる。つまり山の神は柴や薪を焚いて立ちのぼる煙に乗って降臨するだけでなく、一方では柴や薪に乗って里にくだってくるとも考えられた。柴や薪を「山の神の乗り物」といったのは山田宗睦氏だが（『花古事記』、三〇三頁）、山の神は柴や薪に乗って山から降りてくるのである。

「山の神の乗り物」といえば、宮城県玉造郡鳴子町に伝わる竈神起源譚の一場面が思い出される。薪を背負った爺さんが山から帰る途中、見知らぬ子供を薪の上にのせて家まで連れてくる話がある。子供は実は山の神の化身で、薪が山の神の乗り物（＝神の依り代）であることが示唆されているのは興味深い。この昔話についてはまたあとでふれる。

柴刈りは神聖な行為

これまでにも何度か述べたように、柴や薪は燃料であると同時に神霊の依り代でもあることから、柴を刈り、薪を伐ることじたいが神聖な行為とみなされた。山人は宮廷の祭礼に招かれて庭火の役をつとめたが、庭火の燃料である薪も古くは山人が山苞として持参したものであり、柴を刈ったり薪を伐るのも元来はそうした神事の一環として行われたのだろう。山人が伐り出す柴や薪は神事と深いかかわりがあって、柴を刈り薪を伐ることが神聖な行為として特別に選ばれた人間の仕事とされたのもそのためである。

特別に選ばれた人間という意味では竜宮童子の昔話に登場する柴刈りの爺も同様である。爺は刈り取った柴を水界に投じ、その返礼に水界に招待され、福の神ともいうべき小さ子や竈神を土産にもらって帰って来る。爺は神の意向にかなった選ばれた人間であり、そのため神から福徳や幸運をさずかることになる。爺と山人は特別に選ばれた人間という点で重なる面がある。このことは前にも若干ふれたが、ここであらためて考えてみることにしよう。

それにしても、なぜ爺だけが特別に選ばれたのだろうか。昔話では「正直者の爺さんだから」などと説明されるのがつねである。むろんこれだけでは理由としては不十分で、柳田国男も『桃太郎の誕生』のなかでこの問題にふれ、単純な爺だけが選ばれた理由が今日ではすっかり忘れられ、いかにも合点がいかぬ話になっていると述べている。「何故に或家或一人の単純な親爺だけが、異常なる童児又は稀有の珍宝を獲て、忽ち長者となることが出来、他の者はすべて失敗してしまったか。もとは此部分が説話の特に大切な骨子、即ち最も牢く記憶して自分も実行しなければならぬ教訓であったらうと思ふが、今日はもうそれが如何にも合点の行かぬ話になって居る。桃太郎その他の著名な童話には、既に其点を脱落したものもある」(『定本柳田國男集』第八巻、五四頁)。

柳田はまた同じ文章のなかで、小さ子は神霊にめぐまれた人間のもとに派遣された神使であるともいっている。竜宮童子を土産にもらった爺はもともと神霊にめぐまれた人間であったのだろう。刈り取った柴をことごとく水界に投じるところなどを見るにつけても、爺はいかにも実直そうなお人好しで、それがまた神霊にめぐまれた人間の条件でもあった。

序章の冒頭で紹介した岩手県江刺郡の昔話「淵から上った福神童ウントクの話」では、爺は何かにとりつかれたように淵の渦巻きに柴を投げ込んでいる。また「ひょっとこの始まり」の昔話でも、同じように爺は洞穴のなかにせっせと柴を投げ入れる。そして気がつくと、三か月のあいだ刈りためておいた柴がすっかりなくなっている。常識的に考えれば、爺の行為はとても正気の沙汰とは思えない。ところがそれがむしろ幸いして、爺は神から幸運をさずかることになる。このような人物を神霊にめぐまれた人間というのであろう。

あるいはこういう言い方も許されるかもしれない。爺には神霊の意思を聴く潜在能力があって、柴を欲する神に対して爺がそれに応じるかたちでこの種の昔話は成立しているのだ、と。つまり爺には山の神に仕える山人の片鱗がうかがえるようである。また柴刈りにしてもそうであって、爺が柴刈りに従事しているのも偶然ではなく、山人の系譜に属していることを暗に示唆しているようにもとれる。このように考えれば、爺だけがなぜ神の意向にかなったのか、その謎もおのずから氷解するのではないだろうか。

野本寛一氏が指摘したように、山人のルーツが古代焼畑農民であったとすると、爺には焼畑農民の末裔という印象もつきまとう。前章でもふれたように、山の神の神前で柴や薪を積み上げて火を焚く山の神祭りは、柴祭りや焼畑の火入れに起源があったと考えられる。すると山の神に柴をささげる話は実は焼畑農業と関係があって、竜宮童子の昔話に登場する柴刈りの爺さんには焼畑農民の面影も感じられる。焼畑農民は日本人の古い記憶にある「山人」と重なる面があり、したがって山へ柴刈りに行く爺さんにも、こうしたイメージが少なからず投影されているようである。

しかし柴刈りの爺さんを焼畑農民もしくは山人の末裔だとすると、水界に招待されるのがいまひとつ釈然としない。焼畑農民が信奉するのは山の神であり、本来からいえば爺さんは山の神に柴を捧げ、その返礼として山の神から幸運をさずかるというのが筋ではなかろうか。ところが爺さんが招待されたのは水界であり、水界を支配するのは水神であるから、この点が矛盾というか理屈に合わない。ここには山の神と水神の混乱がみられるようで、なぜそのような混乱が生じたのだろうか。次章ではそのことを考えてみたい。

第六章　山の神から水の神へ

水界訪問譚

さきほど私は、竜宮童子の昔話に登場する柴刈りの爺には焼畑農民の面影が感じられるといった。しかしだからといって、この昔話が焼畑文化圏の産物であるとはかならずしもいえない。むしろそれをいうなら稲作社会の影響が強く感じられるし、とくに水界に柴を奉納する話などにそのことがよくあらわれている。

農作物の豊凶を左右するのは水であり、水をいかに確保するかが農耕社会の大きな課題である。水は水界（竜宮）からもたらされるというのが昔の人々の考えであって、水界に柴を奉納して、その見返りに福徳をさずかる話は農耕社会を前提にしてはじめて理解できる。しかし後述するように、爺が招かれて水界に行くと、爺を迎えたのは実は水神ではなく山の神であった。水界を支配するのは水神であるから、ここには明らかに水神と山の神の混乱がみられる。混乱の原因をひとことでいえば、人々の信仰の対象が山の神から水神に変化したことが考えられる。ごく大ざっぱな言い方をすれば、その背景にあるのは焼畑から稲作への農業形態の推移である。焼畑農民が信仰するのは山の神であり、一方の稲作農民の場合は水の神である。古い山の神と新しい水の神の葛藤というか、せめぎ合いがこの昔話には反映されているようである。ともかく人々の信仰の対象が山の神から水の神へ変化する過程を少し詳しくたどってみることにしよう。

農耕社会が発達すると、人々は水に対して大きな関心をいだくようになる。水は山中に水源地をもち、そこから川を流れくだって山麓にひろがる村里の田畑をうるおす。水源地は山中にあり、そこはまた山の神の領分に属しているから、本来なら水を支配するのは山の神のはずである。しかし農耕社会の発達とともに、人々は遠くの山の神よりも身近な川の神や水の神に親しみをもつようになる。これまで水源をつかさどる神は山中の山宮や奥社に祀られていたが、これとは別に山麓や里の近くに祭場を設けて祀るようになった。これがいわゆる里宮とか田宮などと呼ばれる社祠である。

日本人の他界観によれば、水源地から流れ出す水も元来は水界からもたらされる。すでに述べたように、水界は大地の底に比定された異界であり、山中にある川の淵や洞穴はその入口とみなされた。竜宮童子の昔話では、刈り取った柴を爺が淵や洞穴に投げ込み、それが機縁で爺は水界に招待される。そしてそこで歓待をうけ、帰りに土産をもらってくる。土産は醜い顔の童子というのが多く、童子は水神もしくはその化身で、家を豊かにしてくれる福神でもある。水が農作物の豊凶を左右する農耕社会では、福徳や幸運もまた水界からもたらされると考えられたのである。

竜宮童子の昔話は一種の水界訪問譚だが、山形県山形市に近い門伝という村にも水界訪問譚が伝わっている。旱魃に苦しむ農民が夢の中で竜宮に行き、土産に水を無尽蔵に生み出す水の種をもらってくる話である。竜宮童子の昔話にくらべると話の内容も素朴で、それだけに水のありがたみも切実に伝わってくる。まずは話の粗筋を述べておこう。

昔の村は泉も川もない荒れ野だらけの土地であった。村人は雨が降れば谷間に作った溜池に水を溜め、その水を細々と引いては稲を育てた。ちょっと日照りが続いたりすると、溜池はすぐに干し上ってしまい、そのため農作物も満足に育たず、村人はいつも貧乏な暮しをしていた。村に住む与左衛門もまた貧乏な百姓であったが、彼はときどき夢を見た。山の谷間に青々と水をたたえた大きな沼の夢である。そしてあるときはこんな夢を見た。白蛇が子供たちにいじめられているところを与左衛門が助けてやった。白蛇というのは実は竜王の娘の化身で、娘は助けてくれたお礼に与左衛門を竜宮に案内する。与左衛門は二、三日をそこで過ごし、帰りに徳利に入った「水の種」をもらって帰って来る。そこで与左衛門は目が醒めた。夢でなく本当に水の種があったら村人は苦しまなくてすむだろうと与左衛門は思いながら、いつも信心している虚空蔵様にお参りしようと山を登っていった。すると虚空蔵様の賽銭箱の上に徳利が二本置いてあった。徳利は夢の中で見たのとそっくりで、与左衛門が徳利を手にとると、なかから水が湧き出した。水は枯葉や泥を押し流し、美しい谷川となって山を流れくだっていった。そしてとうとう四十八の沼がつくられ、いままでの荒れ地を田畑に変えたという（『みちのくの民話』、一二三～八頁）。

竜王は水神の別名で、農作物のめぐみの源泉が竜宮（水界）にあることを如実に語った話である。しかも水界の土産がずばり「水の種」というのも面白い。農作物の生産量がそのまま人間生活の豊かさに直結する社会では、農耕に欠かせない水を無尽蔵に生み出す水の種はまさに豊かさのシンボ

虚空蔵堂。千葉県柏市の布施弁天。

ルといっていい。竜宮童子の昔話に登場する醜い童子は福神であり、これもまた豊かさを象徴する。水の種と醜い子供はともに昔話の世界では豊かさのシンボルとして描かれているのである。

水の種と醜い童子の共通点はそれだけにとどまらない。水の種はいわば水のエッセンスであり、水の精（精霊）といってもいい。また水の種が入っていたのは徳利である。徳利のかたちに着目すると、そのくびれたかたちはひょうたんにも似ている。ひょうたんは水霊が宿る容器とされ、したがって徳利にも同じような象徴的な意味が隠されているとみられる。徳利のなかに入っていたのは水の種、つまり水の精であり、だから徳利はいくら水を吐き出しても尽きることがないのである。

そして水の精が人格化すれば、水界に由縁をもつ竜宮童子まではもう一歩である。この文脈でいえば、竜宮童子とは要するに水の精の人格的表現であって、すると山形県の民話と竜宮童子の昔話は話の内容はちがっても、モチーフはかなり似ていることがわかる。二つの話はいずれも農耕社会を背景に成立した典型的な水界訪問譚といえるのである。

ちなみに虚空蔵様の賽銭箱の上に徳利が置いてあったのも偶然ではない。金井典美氏によると、虚空蔵信仰は東北地方では湧水の近くに祀られる「うんなん神」と関係が深いとされる（『湿原祭祀』、一二三頁）。うんなん神はウナギを化身とする水神系の神で、一方の虚空蔵様は水をつかさどる神である。つまり虚空蔵様は水神でもあり、その賽銭箱の上に水霊が宿る容器ともいうべき徳利が置いてあるのはすこぶる象徴的な話ということができる。

古代の修験道と水分山

この民話にもあるように、水は水界（竜宮）からもたらされる。水界を支配するのは水神であり、しかし実際には水源地は山中にあって、そこは山の神の領分に属しているから、水を支配するのは山の神であってもいっこうにおかしくはないはずである。山の神と水の神の混乱が生じる道理である。

山の神と水の神の混乱は竜宮童子の昔話にもいえることで、そもそも柴を水界に奉納することじたい考えてみれば妙な話である。本来からいえば、柴を好むのは山の神の性格からくるもので、これは燃料としての柴がもともと山に自生し、山の神の占有物であることからいっても当然であろう。しかし爺が柴を奉納するのは水界であり、その返礼にもらい受けるのはやはり水界に由縁をもつ竜宮童子である。これも山の神と水神を混同したためであり、そのことが竜宮童子の昔話に反映されているのである。

山の神と水神を混同するのは昔話の世界にかぎったことではなく、民俗学の報告によれば、実際に山の神と水神を混同したり同一視する例は枚挙にいとまがない。煩をいとわずに、いくつか例をあげてみることにしよう。

神奈川県足柄上郡山田村では山の神と水神は同じ神だといわれている（福田圭一「足柄雑信―酒匂川流域の民俗」）。信州の遠山あたりでは水神と山の神の神名を左右二つ並べて「山の神 水神」と刻んだ石をよく見かけると堀田吉雄氏は述べている（『山の神信仰の研究』、四頁）。これも水神と山の神が同格、もしくは同じであることを示しているのだろう。また長野県更級郡の村上村と山田村の境にある岩井堂山には清水が湧き出しているところがあり、そこに「山の神」と刻んだ石祠がたっている（箱山貴太郎「田の神の祭場」）。清水や泉に祀られるのはふつうは水神であるから、これなどは古い山の神の信仰を伝えるものといえよう。

一般に水神は山の神から分化したといわれている。小野重朗氏によると、南九州の芦北地方では家も水田も川も山の神の支配圏のなかにあり、年中行事や祭りなどはみな山から出発し、山の神から始まっているという。そしてこの山の神は、「五月には川を下ってトキミズという大水を出す」といわれている（『南九州の民俗文化』、二一二～三頁）。この伝承は山の神の水神的な性格について語ったものだが、別の見方をすれば、水神は山の神の分身で、山の神から独立する以前の未分化の状態を示しているともいえよう。

　奥三河の花祭りは山の神の祭りなのか、それとも水の神の祭りなのかどちらともつかない祭りだが、ここにも山の神と水神が同じであったことを示唆する古い伝承がある。振草系中在家の滝祓口伝には、「滝祓ニワ。タトウ紙ヱ。水神山神ト書テ」とあり、水神と山神を併記することが指示されている（『早川孝太郎全集』1、四六〇頁）。これは山の神と水神が同格であることを示しているのだろう。花祭りの湯立神楽がもともと修験道に由来することはよく知られている。堀一郎氏の『我が国民間信仰史の研究』（二）によれば、とくに揺籃期の修験道は水神的な性格をもつ水分山《みくまりやま》をこのんで行場としたらしく、修験道の発祥地として名高い金峯山や葛城山もまた水分山であったといわれる（二四四頁）。

　水分山はいうまでもなく分水嶺をなす山のことで、その山頂にはしばしば水分神が祀られていた。『岩波古語辞典』はミクマリ（水分）をミズクバリ（水配り）の子音交替とみている。つまりミズクバリがなまってミクマリと発音されるようになったらしい。水分神は水を配分する神という意味であり、水は農作には欠かせないだけに、水分山の山裾にひろがる村落ではとりわけ水分神の信仰があつかった。

　吉野の金峯山でも修験道が成立する以前から吉野の山麓一帯をうるおす水分山が人々に親しまれていた。これは『万葉集』巻七に、

　神さぶる　磐根こごしき　み芳野の　水分山を　見ればかなしも　（巻七―一一三〇）

とうたわれていることからも明らかである。この水分山は青根が峯の前方にある山とされ、その山の尾根から音無川、秋野川、黒滝川、丹生川などが四方に流れ出し、文字通り分水嶺をなす山であった。そして山頂には流水の分配をつかさどる水分神が祀られていた。吉野の水分山は水分神がこもれる山として人々に崇《あが》められていたのである。

　水分神は山にこもる神であるから山の神には違いないけれども、一方では分水嶺をなす山頂に祀られることからわ

かるように水源を支配する水の神でもある。水分神は水神的な性格をもつ山の神であり、山の神の水神的な性格は水分神にきわまるといえよう。

吉野の金峯山や葛城山の例からわかるように、初期の修験道はとくに水分山という水神的な性格をもつ山岳を中心に発展してきたようである。これは修験道の底流に水神信仰がよどみなく流れていることを示している。たとえば日光の二荒山もまた修験道の山として発達した。通説では二荒山の山神の本地仏は中禅寺千手観音とされるが、しかし五来重氏によると、千手観音は中禅寺湖の水神信仰から生まれたもので、つまり中禅寺湖の水神信仰が中禅寺の千手観音になり、二荒山の山神信仰が日輪寺の大日五大尊になったのだという（『修験道入門』、九九頁）。二荒山信仰は古層に水神信仰があり、その上に山神信仰が重なるようにしてできたのである。水神信仰と山神信仰の深いかかわりを修験道の二荒山信仰にみることができる。五来氏も指摘するように、二荒山信仰の例は山の神と水神を同じ神とみなす民俗学の発想を裏づけるものといえよう。

さきほどふれた奥三河の花祭りにも修験道の影響が顕著に認められる。初期の修験道に水神信仰の要素が多分に入り込んでいることを考えれば、花祭りが山の神の祭りでありながら、他方では水の神の祭りであるのもうなずけよう。振草系中在家の湯立口伝に「水神山神」という言葉があったが、これなどもおそらく山伏が直接もたらしたのであろう。

山の神の変貌

さて、当初は分水嶺をなす山頂に祀られることが多かった水分神も、やがて農耕の発達とともに山頂から山麓のほうにくだりはじめる。吉野の水分山でも金の御嶽の神奈備信仰に含まれた三つの面がのちにそれぞれ分化して、三つの神社に分祀されるようになったらしい。このことは五来重氏が『山の宗教』のなかで述べている。金山彦・金山姫を祀る金峯神社は山頂近くに、水神の信仰は国水分神《くにのみくまりのかみ》を祀る水分神社となって中腹に、そして農耕の山神信仰は大《おお》山祇《やまつみ》神を祀る吉野山口神社（勝手神社）となって山麓に祀られたという（一二四頁）。吉野の水分山では山の神は機能的に三つに分かれ、そのうち農耕の神は里にもっとも近い山麓に祀られるようになったのである。農耕の神は山の神の生産的な性格をあらわしていて、同じ山の神である水分神から分化した神と考えられる。

農耕の神は水分神から分化した山の神で、具体的には田に水を供給してくれる神である。水とともに去来し、山と里を結びつける神といってもいい。

農耕の神はまた田の神とも呼ばれる。水源は山頂にあっても、実際に田に水を引いてくれる神はもっと近くにあったほうが村人にとっては都合がいい。このことから田に水を供給してくれる神は農耕の神とか田の神と考えられるようになったのである。

あるいは山の神が山麓や里の近くに降りてきて田の神になるという考え方もある。山の神と田の神が季節によって交替するという伝承がこれで、山の神は春には田にくだって田の神となり、秋にはふたたび山にもどって山の神になるといわれる。これは山の神が農耕の神となって田の神と結びついたことを語ったもので、それだけ山の神が里人にとって身近な存在になったことを示している。

山の神が里にくだって田の神になるという伝承は広く分布するが、この伝承を地でゆくような祭りがあるので紹介しよう。これは静岡県焼津市関方に伝わる山の神祭りである。この村の山の神は標高五〇一メートルの高草山の中腹にある金が窪と呼ばれる磐座《いわくら》に鎮まっている。二月八日の祭日には山の神の磐座の前で弓射が行われる。弓は先端に笹を残した六メートルほどの長さの真竹に藤蔓を張った巨大なもので、これに長さ二メートルの竹の矢をつがえて磐座の前から前方の谷に向けて放つのである。弓の前には、長さ二、三メートルの御幣二本をX字に組んだものが置かれ、その上に矢をのせて支えながら射る。こうして矢を射ると、山の神様が矢に乗って谷をくだり、さらに谷水に乗って田にいたると伝えられている（野本寛一『稲作民俗文化論』、五五頁）。

これは山の神が田の神に変身する様子を具体的に示した儀礼であり、田の神がもとは山の神であったこともよく理解できる。

この場合の矢は山の神の乗り物とされているが、矢が谷水に乗って川を流れくだっていくところなどは『古事記』が語る丹塗矢伝説を想起させる。よく知られているように、この伝説は丹塗矢に変身した大物主神が川を流れくだって、厠で用をたしていたセヤダタラ姫のホトを突く話である。大物主神は蛇神であり、丹塗矢はその象徴である。つまり丹塗矢は蛇の象徴であると同時に男根のシンボルでもあり、大物主神が丹塗矢と化して川を流れくだるのは、この神が蛇神であり水神であることを物語っている。丹塗矢伝説はまさに大物主神の面目躍如とした神話ということができる。

いま紹介した静岡県焼津市関方に伝わる山の神祭りは、この古い神話がかたちをかえて伝承されてきたのではないかと想像される。山の神の磐座から谷にむかって矢を放つのは、山の神が水神となって谷川をくだることを儀礼化したもので、矢が蛇の象徴すなわち水神であることを示している。山の神は水神となって川をくだり、そして里にいたって田の神になる。

また山の神が季節によって田の神に交替するという伝承は修験道の世界にも浸透していたようである。これは戸川安章氏の説で、堀一郎氏が『我が国民間信仰史の研究』（二）のなかで紹介している。戸川氏によると、修験道で有名な羽黒山の御師《おし》（御祈師）の職能は秋から春にかけて霞場を歴訪することであったらしい。秋は田の刈り上げから田の神おろしまでのあいだで、これは「単に収穫後の豊かな農閑期を選ぶと言う理由以上に、山に入った田の神の使者という意味があるのではないか」（一七二頁）という。

山伏《やまぶし》

[1]是は出羽の
羽《は》黒山の客僧にて候。
[2]三《みつ》のお山に参詣申《まうし》候。

山伏の図。『七十一番職人歌合』（新日本古典文学体系61より）。

秋から春にかけて御師が霞場を歴訪することは、山の神と田の神が季節によって交替するという民俗学の伝承と明らかに関連があって、ここでいう「山に入った田の神」とは、田の神が山に帰って本来の山の神にもどったことを示している。御師は山に入った田の神の使者として、つまりは山の神の代理として里に降りてくるわけで、そこに御師が霞場を歴訪する隠れた意味があるのではないかと戸川氏はみている。

また一般に卯月八日は山の神が来臨する日とされるが、興味深いことに、修験道では秋から冬にかけて籠山したいわゆる晦日山伏の出峰の日にあたっている。宮家準氏の説明では、「村人に豊穣をもたらす田の神が山中にいるのと同じ期間、同じ場所で修行した山伏が、山の神が田の神になるまさにその日に、出峰している」のだという。そして村人たちは、「この出峰の山伏に田の神の持つ豊穣力を期待し、祈祷を依頼するだけでなく、出峰の山伏そのものを神として崇めた」ともいう（『修験道思想の研究』、七八六頁）。山伏が山の神の代理もしくは山の神そのものとみられていたのは間違いなく、これは山の神が里にくだって田の神になるという民俗学の伝承とも重なるし、さきの戸川氏の説を補完するものといえるだろう。

このようにみてくると、山の神が里にくだって田の神になるという民俗学の伝承は、たんなる伝承にとどまらず実際の儀礼としても行われていたことがわかる。とくに修験道では山伏が山の神として、あるいはその代理として山と里を結びつける仲介役をはたしていたのである。

山の神の代理といえば、山の神に仕える山人もまた同じような立場にある。折口信夫がいったように、かつて山人は山の神の代理として村人を祝福するために山から降りてきた。籠山した山伏が卯月八日に山から降りてきたり、また御師が霞場を歴訪したりするのは、その古い習俗の名残りといえよう。修験道は山人のあいだに伝わる古い宗教儀礼を実践的に吸収したのである。山伏のルーツが山人とされるのもむべなるかなである。

山の神の水神的性格

ところで、山の神が里にくだって田の神や農耕の神になるという伝承が普及するにつれて、山の神の水神的な性格が顕著になる。それと同時に山の神と水神を混同したり、あるいは同格とみなしたりするようになる。ひとくちに山の神といってもその性格は複雑で、祖霊、水神、雷神、竜神、火の神、田の神、鍛冶神、産神などさまざまな性格が複合されている。そのうちのひとつが神格として独立したのが水神である。水神はいわば山の神から「のれん分け」した神であり、山の神の分身ともいえる。

こうしてみてくると、竜宮童子の昔話で水神と山の神が混同されたり同一視されたりするのは無理からぬ話だといえよう。爺は柴を水界に献じた見返りに醜い童子をもらい受けるが、本来からいえば柴は水神ではなく山の神に献ずるものである。それが水神に献じる話が多いのは、やはり信仰の対象が山の神から水神に変わったからで、その背景に焼畑から稲作への農業形態の推移があったことはすでに述べた。

竜宮童子の昔話における柴の奉納先をめぐっては、土橋寛氏も『古代歌謡と儀礼の研究』のなかでふれ、「昔話では水神に供える話が多いのは、農作を主とするようになって生じた信仰の変化によるものであろう」（四一二頁）と述べている。いずれにしても柴を水界に奉納する話には、焼畑から稲作を中心にした農耕社会への変化がその背景にあったことはたしかなようである。

さきほどもいったように、日本人の古い記憶では、大地の底には水界がひろがっていて、淵や洞穴はその参入口と考えられた。水界に柴を奉納した爺が案内されたのは水界であり、水界を支配するのは水神であるから、爺を招待したのも水神とみるのが自然である。ところが昔話では、爺が水界で出会ったのは水神ではなく山の神のようである。序章で紹介した岩手県紫波郡の昔話「淵から上った福神童ウントクの話」では、爺が案内されて淵の底へ行くと、立派な構えの館があり、なかに入ると座敷には一人の気高い老人がいて、柴の礼をくれぐれもいわれたとある（佐々木喜善『江刺郡昔話』、一一四頁）。また同じ紫波郡の昔話「ひょっとこの始まり」でも、爺が女のすすめるままに穴のなかに入っていくと、目の覚めるような立派な家があり、座敷には白髭の翁がいたなどと語られている（同前、一四頁）。

このように竜宮童子の昔話には、爺が招待されて水界に行くと、そこでひとりの老人や白髪の翁に出会う話がある。ここに出てくる「気高い老人」や「白髭の翁」はおそらく山の神であろう。山の神が老人や翁の姿で示現するのはよくあることで、ここにも山の神と水神の混乱がみられるようである。

また竜宮童子の昔話に「福の神よげない」という類話がある。これは水界から派遣されたヨゲナイという醜い子供が爺の家を裕福にする話だが、しかし婆が子供を家から追い出すと、もとの貧乏暮しにもどる。興味深いのは子供が家を追い出されたときの状況で、「おいおいと泣きながら山の方に行った」（佐々木喜善『紫波郡昔話』、一〜三頁）とある。これは子供が山からやって来て、ふたたび山に帰っていったことを示唆するもので、子供は山の神かその化身でもあったのだろう。子供が醜い顔をしているのも、その消息を伝えるもので、子供の風貌にはどこか山の神や山人を思わせるものがある。

竃神起源譚と醜い子供

宮城県玉造郡鳴子町の竃神起源譚に出てくる子供にも山の神や山人のイメージが濃厚に感じられる。しかしその一方で、この昔話には水界のイメージも随所にちりばめられていて、山の神と水神の関係を考えるうえでも興味深い内容になっている。少し長くなるが、全文を引いておきたい。

むかし、この村にたいへん正直で働き者の爺さんと婆さんが居た。ある秋の雨の日、一日の仕事を終えて薪を背負って家路を下る途中、山神堂前に来かかると、子供の泣く声を耳にした。不思議に思い、参道筋に入って見ると、御堂裏の神木の洞の中で見かけぬ子供がずぶ濡れで泣いていた。お爺さんは可哀想にと、薪の上にのせて我が家に連れ帰った。婆さんは早速濡れた着物を自分のものと取替え、焚火をもやして暖めてやった。ところが、火明りで子供をよく見ると、頭は大きく顔は山小父そっくりで、醜いこと餓鬼のようであった。それでも爺さんは大事に面倒をみて世話をしたが、子供は何時になってもデンと炉端に座り、大きな臍を出して毎日腹あぶりばかりして居た。流石の爺さんも呆れて、臍を出していないで少しは家の仕事を手伝ったらどうかと大いに言い聞かせて、着物の前を合わせてやろうと、臍をさわったところ、ジャラジャラと音がして小判が炉端に散った。爺さんはおどろいて子供に問ただしたところ、これは親切にしてくれたお礼で、明日から夕飯時に臍をなすって下されば小判一枚ずつめぐむと答え、その後二人のくらしむきも良くなり家も栄えた。ところが、このことを知って隣の悪たれ爺さんが留守番をしていた子供を訪ね、いきなり囲炉裏の火箸で大きな臍をつつき、小判をどっさり出そうとしたが、子供は小判を出さずに死んでしまった。仕事から帰った爺さん婆さんは嘆き悲しみ、子供の亡骸をていねいに葬り、子供の厳めしい面相を永遠に伝えるお面をつくり、家神としてこれを祀り、火の守り神として、家人の無病息災、火難駆除、家運隆盛の神として祀ったのが釜神様である（内藤正敏「東北カマ神信仰の源流（上）」）。

正直者の爺さんが山仕事の帰りに子供を拾ってくる。子供といっても、焚火の明りでよく見ると、頭は大きく顔は山小父そっくりで、醜いことこのうえない。それでも爺さんは婆さんと一緒に面倒をみる。子供は世話をしてくれるお礼に臍から小判を出して家を豊かにする。このことを知った隣の悪い爺がひとりで留守番をしている子供のところにやって来て、小判をたくさん出そうと囲炉裏の火箸で子供の臍を突く。すると子供は小判を出さずに死んでしまった。子供の死をいたく悲しんだ爺さん婆さんは子供のいかめしい面をつくり、それを竈神（釜神）として祀った。これが竈神のはじまりだという。

これは竈神の起源を語った昔話で、一般には竜宮童子型に分類されている。さきに紹介した「福の神よげない」とは明らかに同系の話である。福の神ヨゲナイは水界から派遣された子供だが、竈神起源譚に登場する醜い子供にも水界のイメージが投影されている。爺さんが子供を発見したときの状況がまさにそれで、「御堂裏の神木の洞の中で見かけぬ子供がずぶ濡れで泣いていた云々」とある。とくに子供がずぶ濡れの状態で神木の洞のなかにいるのは象徴的である。洞は要するに穴であり、穴と水はユングのいう母親元型にあたるから、ここに母性原理のイメージの投影をみることができる。洞は母胎のシンボルであり、ずぶ濡れの子供は羊水にまみれた生まれたばかりの赤子を連想させる。子供は洞を母胎にしてこの世に再生したのである。

穴や洞穴が地下に想定された水界への参入口と信じられたことはすでに述べた。この場合の神木の洞も水界の入口であり、それと同時に水神がこの世に再生するための母胎でもあったのだろう。子供は水界から派遣された水神の使徒、もしくは水神の化身とみられる。

こうして子供が発見されたときの状況をみると、子供と水界とのかかわりは濃厚だが、しかしその一方で、子供には別のイメージも投影されているようである。さきほどもいったように、子供は「頭は大きく顔は山小父そっくりで、醜いこと餓鬼のようであった」とあるから、これはむしろ山の神や山人を思わせる。子供は竜宮童子と呼ばれ、竜宮（水界）に由縁をもつにもかかわらず、一方では山の神や山人の面影も感じられる。これは明らかに矛盾している。山の神と水神を混同したり、両者を同じ神とみなす混乱ぶりが、そのまま子供のイメージにも反映されているようである。山の神から水の神へ信仰の対象が変化するなか、昔話に登場する人物のイメージもまた振り子のように山の神と水神のあいだを揺れ動いているのである。

第七章　花の呪力

花を神に献じる話

竜宮童子の昔話は水界に柴を献じる話だが、なかには柴ではなく花を献じる話もある。竜宮童子の昔話が別の分類法で「花売り柴刈り型」と呼ばれるのもそのためで、花もまた柴と同様に元来は神に供するものであり、したがって柴のかわりに花を捧げても同じように神から祝福されるのである。花を神に捧げる昔話をいくつか紹介することにしよう。

新潟県見附市に伝わる竜宮童子の昔話では、貧乏な男が毎日花売りに来て、売れ残ると川に投じて乙姫様に差し上げていた。ある日のこと、いつものように花売りをして帰ってくると、大水が出て川を渡ることができない。すると不意に足元から大亀が出てきて、その背中にのると乙姫様のところに連れていかれる。乙姫様はいつも花をもらっているお礼だといって、トホウという醜い子供をくれる。トホウはどんな望みもかなえてくれるので、男はたちまち大金持ちになる（『日本昔話大成』第六巻、八～九頁）。

トホウは水界から派遣された童子で、東北地方の昔話に登場するウントクやヨケナイと素姓はまったく同じである。トホウもウントクもヨケナイも、名前はちがっても水界に由縁をもつ童子であることにかわりはない。唯一の違いといえば、トホウの話では神に捧げるのが柴ではなく花になっている。

広島県庄原市にもトホウに似た昔話が伝わっている。貧乏な爺が花売りに行き、売れないので橋の下に「そうとくだいし」といって投げる。竜宮から亀が迎えに来て、そこに三年滞在して「そうとくだいし」をもらって帰ってくる（同前、一五頁）。

また鹿児島県大島郡喜界島に伝わる昔話は「ねいんや」（海底の浄土）という水界に招かれて犬をもらってくる話である。大歳の夜、弟は正月の花を取って売りに行くが売れないので、浜に出て「ねいんや」の神様に差し上げようと海に投げ込む。するとひとりの男がやって来て、正月の花を探していたところ、たくさんの花をくれたのでお礼をするからと、ねいんやに連れていく。男は弟を神様のところに連れていく前に、何が欲しいかとたずねられたら犬が欲しいと答えろと教える。弟は三日間いて、帰りに教えられたとおり犬をもらって帰る。毎日四つ組の膳でごちそうすると大金持ちになる（同前、一一頁）。

このように花を水界に奉納して、その見返りに竜宮童子や犬をもらってくる昔話がある。柴のかわりに花を神に捧げても同じことで、やはり福徳をさずかるのである。柴と同様に花もまた神が欲するものであった。

ところで、花の特徴をひとことでいえば、その美しさにある。花を見て美しいと思わぬ人はいないだろう。しかし日本人が昔から花を純粋に美しさの対象としてみていたかというと、かならずしもそうではなかった。むしろ花は呪力のあるものとして、信仰の対象にされていた時代のほうが長いのである。これは「ハナ」の語源を調べてみればすぐにわかる。ハナ（花）は物事のはじめ、または突出した部分という意味の「端」（はな）と語源的には同根とされる。ハナには「先ぶれ」とか「兆し」という意味があり、とくに春先に咲く花は秋の実りの前兆とみられていた。美しい花も古代人からみれば神意の発現であり、花の咲き具合がその年の豊凶を左右すると信じられた。花が咲くのも散るのもすべては神意のあらわれであって、花が美しくみごとに咲けば、秋の実りも豊かであるにちがいない。花は秋の実りを予告するものであり、前兆であった。そのことから春先に咲いたばかりの花を手折って神に捧げ、豊穣を祈願する風習がうまれた。それが逆に神に花をささげれば福徳をさずかるという信仰に発展するのである。花を純粋に美の対象として鑑賞するようになるのは、そうした信仰が失われたあとのことで、元来、花は美しいというよりも呪力のあるものとみられていたのである。

サクラの意味

春の花の代表といえば桜をあげることに異論はなかろう。お花見といえば桜見物であり、日本では桜は春の到来を告げる花として古くから親しまれてきた。そればかりか、「花は桜木人は武士」ということわざにもあるように、桜は花の代名詞とされることもある。桜は日本人に最もなじみの深い花といっても過言ではない。

そもそも「サクラ」とはどういう意味だろうか。サクラの語源についてはいくつか説があって、なかでも桜井満氏の説が有力視されている。それによると、サクラはサとクラの合成語で、「サ」は田の神・稲の神をあらわす古語、「クラ」は神座《かみくら》の意味だとされる。つまり桜の木は田の神・稲の神の依り代であって、その花は神の示現とみられていたようだという（『万葉の花』、三二頁）。するとサクラはかならずしも特定の木の名称ではなく、田の神・稲の神の依り代の総称ということになる。田の神・稲の神は穀霊もしくは稲霊といってもよく、サクラは穀霊の依り代であり、その代表がいまでいう桜である。これはもともと常緑樹の総称であったサカキ（榊）が、のちに特定の木をさして呼ぶようになるのと事情が似ている。

サクラのほかにもサのつく言葉は多い。たとえばサナエ（早苗）、サオトメ（早乙女）、サツキ（皐月）、サオリ（サビラキ）、サノボリ（サナブリ）など、「サ」を冠した言葉がとくに田植の時期に集中しているのは見逃せない。サクラの花も田植がはじまる前に満開をむかえる。桜井氏がいうように、サは田の神、穀霊を意味する言葉だとすると、サオトメは田の神に奉仕する女、サツキは田の神がとどまる月、サオリは「サ降り」で、サの神である穀霊が降臨すること、つまり田植はじめのことである。その逆がサノボリ（サ昇り）で、穀霊が昇天することから田植終わりという意味であろう。

また陰暦五月ごろに降る長雨をサミダレというけれども、サミダレの「サ」もサクラのサと同じで、ちょうど田植の時期に降ることから、田の神が降らせるめぐみの雨と信じられたのだろう。田植はサの神（＝田の神）を迎えて行われる一種の神事であり、「サ」を穀霊や稲霊とみることで、サクラをはじめサナエ、サツキ、サオトメ、サオリなどの言葉が難なく説明できそうである。

だがそう簡単に問屋はおろしてくれない。というのも、サのつく言葉は田植にかぎらずほかの場合にも使われるからで、たとえば名詞では「さ百合」「さ蕨」「さ霧」「さ牡鹿」「さ枝」「さ衣」「さ夜」など、動詞では「さ寝」「さ曇る」「さ走る」「さもらふ」「さまよふ」など、形容詞では「さ遠し」「さまねし」などがある。これらの「サ」は田の神や穀霊とは直接関係がなく、もっと広い意味で使われているようである。

「サ」は元来、神に属するもの、神聖なものを意味する古語であったとする説がある。福島千賀子氏は「非時の桜」という論考のなかで、接頭語的、または単語の一部、囃し言葉として用いられる「サ」の用例を検討して、「サ」の語は神に属するもの、神聖なものの意に使われている例が多いと指摘している。たとえば『古事記』上巻には、大国主神が越国の沼河比売《ぬなかわひめ》に求婚する話が語られている。大国主神は沼河比売の家の前でプロポーズの歌を贈るが、その歌のなかに「さ婚《よば》ひ」という言葉がみえる。ヨバイ（婚い）は求婚のことで、サという接頭語がつくと神の求婚という意味になる。サは神にかかわる語であり、「神聖な」もしくは「聖なる」という意味に使われていることがこの例でもわかる。

「サ」が田の神や穀霊という意味に落ち着くのはのちのことで、古くは神にかかわる語として使われていたようである。福島氏によれば、サという言葉はもともと笹や小竹、あるいは稲、稗などの葉の末を渡る風の音をあらわしているらしく、「サ」は要するに神が降臨するときの音であり、神来訪の「しるし」であったという。それは稲作民にかぎらず、焼畑農作民や狩猟民にとっても重要な神降臨のしるしであって、田の神、稲の神をあらわす古語として定着したのは稲作農耕が主流になってからのことであろうと福島氏は推測している。これは「サ」を田の神・稲の神をあらわす古語とする桜井満氏の説と矛盾しないばかりか、その説をさらに敷衍した語源説といえよう。

「サ」は神の訪れをあらわす古語

このように「サ」はもともと笹や稲などの葉ずれの音をあらわす古語であったらしい。しかもその音が神の出現に深くかかわっていたのである。神はまず音で感じるものであった。目ではなく耳という身体の回路を通じて人間は神に出会うのである。夜こそ神が訪れる時間であったことを考えれば、これは当然といえば当然のことで、闇のなかにかすかに聞こえる笹や稲の葉ずれの音に古代人は神の訪れを感じていたのである。

しかしひとくちに葉ずれの音といっても、葉の種類によって微妙な音の違いがある。笹、小竹、稲、稗などの葉はいずれも細長く、風に吹かれるとサという音をたてるのが特徴である。「サ」はこの葉ずれの音から生まれた古語なのだろう。「サヤ」も「サ」と同じような意味のことばだが、これも葉ずれの音から派生した擬声語かもしれない。いずれにしても「サ」とか「サヤ」という言葉に、古代人は神の訪れを感じていたのである。

「サ」が神に属し、神聖なものを意味する古語だとすると、「サ」を冠した神名の神がいてもおかしくない。記紀が伝えるアマテラスとスサノヲの誓約《うけひ》神話には、サヨリビメノミコト（狭依毘売命）という女神が出てくる。アマテラスがスサノヲの剣を三段に折り、それを口でかんで吐き出した息が霧となって、そのなかから三柱の女神が誕生した。そのうちのひとりがイチキシマヒメノミコト（市寸島比売命）で、またの名をサヨリビメノミコトという。イチキシマヒメノミコトの「イチキ」は斎《いつ》くの転音とも、あるいは「神霊が依りつく」意ともされる。イチキシマヒメノミコトは神霊を斎き祀る島の姫、または神霊の依りつく島の姫という意味である。

一方、イチキシマヒメノミコトの別名サヨリビメだが、「サ」はこれまで述べてきた接頭語のサと同じで、神が降臨するときの音であり、神が依りつくしるしでもあったのだろう。したがってサヨリビメはサが依りつく姫、神霊が依りつく姫という意味で、「サ」の古い意味を残す神名ということができる。

このようにサは具体的には笹や稲などの葉ずれの音をあらわし、神の出現にかかわる語であった。これに関連していえば、有名な天の石屋戸神話では、「天の香山の小竹葉《ささば》を手草《たぐさ》に結ひて、天の石屋戸にうけを伏せて踏みとどろこし、神懸り為《し》て、云々」とあり、アメノウズメノミコトが笹の葉を採物に桶を伏せて踏みならし、神がかりしながら踊る場面がある。手草は採物のこと。この場合は小竹葉すなわち笹の葉である。アメノウズメノミコトは笹の葉を採物にして踊り、そして胸の乳を露出させ、裳の紐を陰部までおし垂らすと、多くの神々がどっと笑い、その音は高天原が鳴り響くほどであった。その騒ぎを聞きつけてアマテラスが天の石屋戸を細めに開けて身をのり出すと、フトタマノミコト（布刀玉命）がすかさずシメ縄を神のうしろに引き渡して、「ここから内におもどりにはなれません」といった。こうしてアマテラスが天の石屋戸からお出ましになると、高天原も葦原中国も明るくなったという。アマテラスが天の石屋戸から出たあとの話は『古語拾遺』では少し違っていて、それによると、この世がはじめて晴れて明るくなり、神々の顔が白く見えた。そして手をのばして歌い舞い、たがいに「阿波礼《あわれ》」、「阿那於茂志呂《あなおもしろ》」、「阿那多能《あなたの》志《し》」、「阿那佐夜憩《あなさやけ》」、「飫憩《おけ》」と、言葉をかわしあったという。

「あわれ」「あなおもしろ」「あなたのし」「あなさやけ」「おけ」はいずれも神が出現した喜びをあらわす言葉であろう。とくに注目したいのは「あなさやけ」のサヤケの意味である。本文の割注には「竹葉《ささは》の声なり」とあり、サヤケは笹の葉がすれ合う音だとしている。サヤケは「サ」を語幹とする言葉で、サの同義語とみて間違いあるまい。つまりサヤケは笹の葉のすれ合う音であると同時に、神のおとずれをあらわすしるしでもあったのだろう。このようにみてくると、サ、サヤ、サヤケはいずれも笹などの葉がすれ合う音をあらわし、神の出現とも深くかかわっていたことがわかる。「サ」はかならずしも田の神や穀霊に限定される言葉ではなく、もっと広がりのある言葉であった。しいていえば、アニミズムの世界でいうカミに近いことばであったといえよう。

『日本書紀』によると、古代の日本は「草木ことごとくよく物言う」世界であったという。草木にも魂があって、言葉を話すと考えられた。いわゆるアニミズムの世界である。だから葉がすれ合う音も、古代人の耳には葉が物をいう声に聞こえたのだろう。その音はまた葉にひそむ魂が発する声でもあった。いずれにしても、「サ」はアニミズムの世界に起源をもつ広い意味でのカミに近いことばであったと思われる。したがって桜井満氏のように、サを田の神や穀霊とするのは本来の意味をいささか矮小化したきらいがある。もっとも、稲作農耕が発達すると、サは農民に身近な田の神や穀霊と考えられるようになったこともたしかで、農耕社会を前提にすれば、サを田の神や穀霊とする説も十分に妥当性がある。

田の神・穀霊の依り代

農民にとってカミといえば田の神であり、穀霊である。サクラはサの神、つまり田の神や穀霊が依りつく神聖な木という意味である。このことを具体的に示していると思われるのが静岡県榛原郡相良町蛭ケ谷の蛭児神社に伝わる神事である。この神社では毎年二月十一日に恒例の田遊びの芸能が行われる。野本寛一氏の説明によると、この田遊びでは稲霊を象徴する人形が登場する。人形を囃したり、背負って田植歌を唄ったりしたあとで、人形は境内の桜の木の幹に太縄で縛りつけられるという（『稲作民俗文化論』、三六八〜九頁）。人形は稲霊の象徴であり、その人形を稲霊の座たる桜の木にしばりつけるのは、桜が稲霊の依り代であることを物語っているのだろう。

ところで、田の神や穀霊の依り代の総称であったサクラが、のちに特定の木をさして呼ぶようになるのはなぜかといえば、田仕事にとりかかろうとする時期に、山の桜がみごとに咲くからだといえよう。田植の開始に先だって山桜がいっせいに咲きだす光景は、人の目にも鮮やかに映ったことであろう。とくに山桜は山の霊力の具体的なあらわれであって、そこに神意の発現をみようとするのも理解できる。桜は春のおとずれを告げる花として、また田仕事にとりかかる時期を教えてくれる花としてまことにふさわしい。なかでも田植は田の神の依り代である桜の開花に合せて行われた。そしてその花の咲きぐあいによって秋の実りを占ったのである。

それぞれの土地には農事の目安になるような特定の桜の木がある。たとえば会津若松市にある御所桜などは、この花の満開のときに籾種をおろせばかならず豊作になるといわれていた（宮田登「花の民俗」）。

田植は桜の開花をまって実施されるが、桜花の咲きぐあいで豊凶を占うのは、かならずしも稲とはかぎらなかったようである。『宇治拾遺物語』巻第一の十三には、比叡山に登って修行していた田舎出の稚児が桜の花のはらはらと散るのを見て、涙を流した話が語られている。僧徒が「なぜそんなに泣くのか。この花の散るのがそんなに惜しいか。しかし桜ははかないもので、すぐに散ってしまうのだ。ただそれだけのことだ。嘆くには及ぶまい」と慰めたところ、稚児は「桜が散るのはどうしようもないことで、それで泣くのではありません。父が植えた麦の花が、この風で散って実が入らないのではないかと思うと、それが悲しいのです」といって、しゃくりあげておいおいと泣いた。そして最後はがっかりさせられる話だとして、語り手の感想で結ばれている。

桜の花の散るのを見て稚児が涙を流している。僧徒はてっきり稚児が風流の心をもよおして泣いているのだと早合点して、言葉を尽くして慰める。ところが稚児がいうには、桜の花はどうでもいい。父が植えた麦の収穫を心配して泣いているのだという。桜の花を見て麦の実入りに思いをはせるのは、さすが農家の出だけある。それと同時に、桜の花には稲や麦など農作物の豊凶を左右する呪力があると信じられていたこともわかる。

『宇治拾遺物語』が成立したのは十三世紀前半の鎌倉時代初期とされている。最後に語り手は僧徒に同情して、風流を解さない田舎者の稚児を揶揄するような語り口で結んでいるが、語り手も僧徒もおよそ農村の生活には無縁な都人士のようで、桜花をもっぱら風流の対象とみている。しかし農民にとっては風流などどうでもいいことで、桜の花は農作物の収穫を占う呪力のあるものであった。桜の花をめぐって都市と農村では大きなギャップが生まれつつあり、そのことがいきいきと語られているのは興味深い。

しかし時計の針を三、四百年ほど前にもどすと、都市と農村のギャップはほとんどみられないようである。とくに桜の開花は農民にかぎらず宮廷の関心事でもあったようで、平安時代には観桜と、それにともなう田植の見物が天皇の行幸としてしばしば行われた形跡がある。

たとえば『類聚国史』巻第三十一所収の清和天皇貞観八年（八六六）閏三月丙午朔の条には、「太政大臣東京染殿第㆒、観㆓桜花㆒、（中略）御㆓東門㆒覧㆓耕田㆒、農夫田婦、雑楽皆作……」とあり、天皇が桜を観賞し、ついで耕田、つまり田植を観賞したことが記されている。もっとも、ここでいう田植は「雑楽皆作」とあるように、ただ苗を植えるだけでなく鼓や笛による囃子をともなう楽のことであった。一種の田遊びである。また同じく貞観六年二月二十五日壬午の条にも観桜のあとに、「率㆓郡司百姓東垣外㆒、行㆓耕田之礼㆒」とあって、郡司が百姓を東の垣の外に率いて「耕田の礼」を行ったことがみえる。耕田の礼は田植の礼法で、これにも楽がともなったことは想像にかたくない。

このように平安時代の天皇や貴族のあいだで観桜と田植の観賞がなかば恒例化していたのは興味深い。桜は田の神の依り代であり、桜の開花は田の神が依りついたあかしでもある。それゆえに桜の花には強力な呪力があると信じられた。桜の花を見ることは、その呪力をみずからの身体に感染させて魂（＝生命力）を活性化させることでもあった。桜の花を見ることじたいに鎮魂の意味があったのである。

また観桜だけでなく田植にも同じような意味があったと考えられる。田植は田の神を迎えて行われる一種の神事であり、鎮魂儀礼でもあって、ここにも穀霊を活性化させて田に落ち着かせるという鎮魂の意味が隠されている。田植を見ることはやはり魂の活性化につながると信じられた。観桜も田植の観賞も、要するに鎮魂儀礼として行われたのである。

散り際のよさと再生のエネルギー

桜の話にもどると、桜は春の到来を告げる花であり、また秋の実りを予告する花でもあった。とくに桜が選ばれたのは、さきほどもいったように、田植に先だち全山をあげて山の桜がいっせいに咲き出すからだが、しかし理由はそれだけではない。散り際のみごとさもまた桜の花の逸することのできない特徴である。

桜の花は咲いているときはむろんのこと、散り際もそれに劣らず美しい。栗田勇先生は、散り際のよさが桜の花の身上だと述べている。「とことんまで咲ききって、ある時期が来たら一瞬にして、一斉に思い切って散っていく。（中略）静かに散るのではなく、花吹雪となって散るという、生き生きとしたエネルギーさえも、桜からは感じられる」（『花を旅する』、一一一頁）。

一般に花は散ることで、みずからの生命の終わりを告げる。死にはどうしても暗さがつきまとうが、桜はどうかと

満開の桜。サクラは田の神や穀霊が依りつく神聖な木と考えられた。

いうと、少し違った印象を受けるのではないだろうか。桜の花が散るのは生命の終わりには違いないけれども、花吹雪となってみごとに散っていく姿はかならずしも暗くはない。むしろ華やかな明るさのようなものが感じられる。そこに桜の花の強力な再生のエネルギーの秘密が隠されているようにも思える。栗田先生は、散り際のよさが桜の身上だといったが、それに続けて、桜はむしろ散ることによって、次の生命が春になったらまた姿をあらわす。「生命の交代という、深い意味でのエロチシズムの極致のようなものがそこにみえるのではないか」ともいう。

みごとに咲き切った満開の桜を見ていると、ふと時間が一瞬止まったような錯覚にとらわれることがある。それがあるとき、いっせいに花吹雪となって散っていく。生と死をこれほどあざやかに演出する花は桜をおいてほかにはないだろう。逆説的にいえば、桜の花は散り際がみごとであればあるほど、強力な生のエネルギーを発散させているようにも思える。桜の花はいわば再生を予告するかのように散っていくのである。

日本人はともすれば桜の花のみごとな散り際を「いさぎよさ」として賞賛したり、また桜の花に死のイメージを重ねたがるようである。そのいい例が、さきにもふれた「花は桜木人は武士」ということわざの解釈にあらわれている。花は桜がいちばんで、武士は士農工商の最上位にあるというのが、このことわざのもとの意味であろう。ところがなぜか桜の花の散り際のよさに武士の生きざまを重ねるような誤解がまかり通っている。これは桜の花の散り際のよさだけを肥大化したもので、桜の本来の姿とはいえない。桜には死のイメージだけでなく、それにもまして生のイメージがあることを忘れてはならない。

田植の風景。苗を植えるかたわらで男たちが鼓や笛で囃している（『大山寺縁起絵巻』より）。

桜は死と再生の象徴

とくに古代人は桜の花に再生のエネルギーをみていたようである。さきほどもいったように、桜の花はみごとに散ることで、逆に生のエネルギーを発散させているのである。桜は死と再生の象徴でもあって、桜にまつわる伝説や昔話のなかには、このことをうかがわせる話がある。たとえば貴人や高僧が杖を地面に挿しておいたところ、それが根づいて成長したという杖桜の伝説は各地に残されている。これも桜の再生力の強さを物語っているのだろう。

また桜の木の根元に乳母を埋めたとか、あるいは乳母が桜を植えたとかいう乳母桜の伝説もよく知られている。やはり桜には死と再生にまつわる話が多いようである。梶井基次郎は「桜の樹の下には屍体が埋まっている」といったが、満開の桜の絢爛たる美しさと、それとは裏腹に死をはらんだみごとな散り際を思うと、そう信じさせるものがたしかに桜にはあるようだ。

桜と屍体の話で思い出されるのは花咲爺の昔話である。花咲爺の昔話は全国に分布し、たとえば青森県下北郡で採集された昔話は、犬の死体を埋めると、そこに桜の木が生える話である。正直な爺が犬を連れて山に行くと、犬が「ここ掘れわんわん」と泣く。掘ると大判小判が出る。隣りの意地悪な爺が犬を借りて掘ると、お化けや蛇ばかり出るので怒って犬を殺してしまう。正直な爺は泣いて犬を埋めると、そこに桜の木が生えて花が咲き、爺は花咲爺と呼ばれる（関敬吾『日本昔話大成』第四巻、二二八頁）。

犬の死体を埋めたところに桜の木が生えるのは、桜が死と再生の象徴であることを示唆している。この話には続きがあって、隣りの意地悪爺が花を咲かせようとまねをすると、アク（灰）が目に入り盲目になる。怒った意地悪爺は桜の木を切り倒してしまう。切り倒された桜の木で正直爺が臼をつくり、餅をつくと大判小判が出る。これも切り倒された桜の木の再生力を具体的に語った話で、桜が死と再生を象徴する木であったことを示している。

このように伝説や昔話をみてもわかるように、桜には死と再生にまつわる話が多く、桜は死と再生のシンボルと考えられていたようである。

桜といえば、西行法師には桜を詠んだ歌が多く、なかでも最も人口に膾炙しているのが次の歌である。

ねがはくは花のしたにて春死なむ　その如月の望月のころ

ここでいう花は桜をさしている。それも彼岸桜とされる。如月の望月は陰暦の二月中旬にあたり、このころには一足早く彼岸桜も咲きはじめる。これは西行が辞世の歌として用意したものといわれ、この歌のとおり「如月の望月のころ」に死んだらしい。五来重氏はこの歌が誕生した背景について、「二月十五日の涅槃会と彼岸会と桜の咲きみだれた浄土的幻想が一つになったものだろう」と述べているが（『宗教歳時記』、三六頁）、いずれにしろ桜は死と再生の象徴であり、西行もまた来世における魂の再生を願いつつ桜に託してこの歌を詠み、そして歌のとおりに死んでいった。それはかぎりなく自死に近い死であったともいわれている。

桜にかぎらず一般に樹木は春に芽ぶき花を咲かせ、夏には葉を茂らせ、秋になると実をつける。そして冬には枯れるが、次の春にはふたたびよみがえる。この終わりのない死と再生の繰り返しに人間はわが身をなぞらえ、かくありたいと願ったにちがいない。とくに桜は散り際のみごとさとあいまって、再生力の強い樹木と信じられていた。

人間が樹木によせる思いは世界に共通しているらしく、ミルチャ・エリアーデは、人間と樹木の間に生命の交流があることをさまざまな神話や民間伝承を例に引きながら述べている。二、三例をあげると、ヨーロッパの民間伝承によれば、人間は木から生まれてきたといわれている。イタリアのアブルッツィ地方では、あらたに生まれる子供たちは葡萄の木からやって来るといわれる。東ドイツ北部のメクレンバークでは、新生児の胎盤は若い果樹の根元に埋める。またインドネシアでは胎盤を埋めた地点に木を植えるという（『大地・農耕・女性』、一八〇〜一頁）。

このように植物に生命の根源があるとする発想は世界の民族にみられる。日本では、桜は松や柳とならんで最も生命力の旺盛な樹木のひとつとされた。桜が満開をむかえ、爛漫と咲き乱れる姿はまさに生のエネルギーの充実した瞬間である。そして咲き切ったあと、花吹雪となって散る姿もまた圧巻であり、そこには死と再生の強力なエネルギーのようなものが感じられる。死と再生のエネルギーは豊穣力でもあり、桜が春を告げる花として、また秋の実りを占う花として珍重されたのもうなずけよう。

桜の神と穀神の結婚

日本の神話には木花之佐久夜毘売《このはなのさくやびめ》という花にまつわる美しい女神が登場する。木花之佐久夜毘売は大山祇神の娘で、大山祇神は山の神である。木花之佐久夜毘売は「木の花の咲き匂う姫」という意味であり、その名前が象徴するように、山の木の花の神格化にほかならない。山の木の花の代表は桜であるから、コノハナノサクヤビメは、要するに山の桜の神である。

この山の桜の神に求婚するのが高天原から降臨した天津日高日子番能邇邇芸能命《あまつひこひこほのににぎのみこと》である。この天孫ヒコホノニニギノミコトの「ホノニニギ」は「稲穂の豊かに実る」という意味で、稲穂の豊穣の神格化、つまり穀神とされる。桜井満氏は、これは稲穂の豊饒の神が山の神の娘である桜の花の神と結婚する話であって、山の桜を稲穂の神の依り代とし、その花に神意をみようとした稲作民族の信仰が反映していると述べている（『万葉の花』、四一頁）。そのとおりであろう。逆にいえば、山の桜の神が穀神と婚するのは、桜と穀霊との結びつきを象徴するものであり、桜が穀霊の依り代であることを神話的に語った話とみることもできる。

さらにいえば、コノハナノサクヤビメは一夜の交わりで妊娠するが、天孫ホノニニギはわが子であることを疑う。ヒメは疑いをはらすために産屋にこもり、土で塗りふさいだうえに火を放って出産する。いわゆる火中出産である。火がさかんに燃えるときに生まれた子が火照命《ほでりのみこと》である。次に生まれたのが火須勢理命《ほすせりのみこと》、最後が火遠理命《ほおりのみこと》で、またの名を天津日高日子穂穂手見命《あまつひこひこほほでりのみこと》という。

三柱の子の名前にいずれも「火《ほ》」がつくのは、燃えさかる産屋のなかから生まれたことを考えれば当然のようだが、実はこの「ホ」は稲の穂《ほ》が原義とされ、これがのちに火中出産の話と結びつき、火《ほ》の話に転じたらしい。最後に生まれた火遠理命のまたの名を天津日高日子穂穂手見命といって「穂」がつくのは、その古い意味の痕跡である。ホデリノミコトとホスセリノミコトの「ホ」も同じで、つまり三柱の子の名前に共通する「ホ」は、父ホノニニギノミコトのホ（穂）を継承したものにほかならない。ホノニニギは稲穂の豊穣の神格化であり、穀神である。穀神を父として生まれた三柱の子は稲穂の神で、それぞれが稲の成長の三段階をあらわしている。一説によると、最初に生まれたホデリノミコトのホデリは「稲の穂がさかんに成長する」、二番目のホスセリは「穂の実りがすすむ」、そして三番目のホオリは「稲穂が折れたわむほどに実る」という意味だとされる（日本古典文学全集『古事記・上代歌謡』、一三五頁）。

いずれにしても三柱の稲穂の神々は、穀神ホノニニギと山の神の娘コノハナノサクヤビメとの結婚によって誕生した。穀霊はそれだけでは稲を成長させることはできない。山の神の力が必要なのである。山の神の娘コノハナノサクヤビメは山の霊力の神格化であり、それは桜によって象徴される。穀霊の神が桜の神と結ばれる話は、穀霊が桜の木を依り代にして降臨するという民俗学の伝承と奇しくも符合することから、稲作農民が伝えたことはほぼ間違いない。それと同時に、稲作と山の霊力との関係があらためて浮き彫りにされる。

このように、花は柴と同様に呪力があり、とくに桜は穀霊の依り代であることから神聖視されていた。花は神意の発現であり、なかでも桜の花は秋の実りの前兆とみられていたから、逆に花を神に捧げて豊穣を祈願した。わかりやすくいえば、この花のように秋には稲穂がたわわに実ってほしいという願いをこめて神に献花するのである。柴も花も山の霊力の具体的なあらわれであり、柴を刈り、花を摘み、それらを神に捧げるのは予祝的な意味があったのである。

第八章　昔話と予祝儀礼

「桃の子太郎」の昔話

竜宮童子の昔話は花や柴を水界に奉納して、その見返りに幸運をさずかることから、ある意味では予祝儀礼を説話的に表現した話とみることもできるだろう。そのほかにも予祝儀礼をモチーフにした昔話やお伽話は少なくない。前にふれた桃太郎のお伽話にも予祝的な意味が隠されている。桃太郎の話でとくに印象的なのは、お婆さんが川へ洗濯に行くと川上から桃が流れてくる場面であり、前半のハイライトといえる。ところが岩手県紫波郡に伝わる「桃の子太郎」という類話では、そのあたりが少し違っていて、父と母が二人で花見に行き、弁当を食べようと休んでいるところに桃がひとつ母の腰もとにころがってくる（佐々木喜善『紫波郡昔話』、二八〜九頁）。あとの話は大同小異で、成長した桃の子太郎が地獄へ行き、鬼を退治して帰ってくるところも同じである。

「桃の子太郎」の話では、お爺さんが山へ柴刈りに行く話も、お婆さんが川へ洗濯に行く話も出てこない。そのかわり父と母が花見に行くと桃をさずかるのである。

しかし考えてみれば、柴刈りにしろ花見にしろ、いずれも山へ行くことにはかわりがない。柴刈りに予祝的な意味があったことはすでに述べたが、実は花見にも同じような意味があって、花を摘み、それを神に捧げて幸福を祈願するのが花見の本来の意義である。花見については後述するとして、こうした花見の本義に照らしてみれば、「桃の子太郎」の昔話は、花見に行った父と母に幸運の象徴ともいうべき桃がもたらされる話とみることができる。これは山へ柴刈りに行った爺さんが幸運をさずかる話とモチーフは同じである。柴刈りも花見もいわば山行きの話であって、お爺さんが山へ柴刈りに行くのも、父と母が花見に行くのも、いずれにしても刈り取った柴や花を神に捧げるのが目的であり、そこに予祝的な意味が隠されている。柴や花を神に捧げる見返りに福徳をさずかることが、すでに話の前段で予告されているのである。これは桃太郎の話にかぎらず竜宮童子の昔話にもいえることで、爺さんが水界に投げ入れる柴にも予祝的な意味があったと考えられる。このことはすでに土橋寛氏や渡辺昭五氏も指摘している（土橋『古代歌謡と儀礼の研究』、六五頁、渡辺『歌垣の民俗学的研究』、一五二頁）。

竜宮童子の昔話が成立する背景に正月の神祭りがあったことはすでに述べた。しかし柴刈りにあらためて光をあててみると、ここにも予祝的なモチーフが隠されているのがわかる。柴刈りには刈り取った柴を神に捧げて、その見返りに福徳をさずかるという予祝的な意味があり、柴刈りそのものが本来は予祝儀礼として行われたふしがある。ともかく柴刈りを正月行事からいったん切り離して考えてみる必要がある。

予祝儀礼というと、今日ではその多くが正月に行われることから正月行事のように思われている。なかでも鍬入れ、庭田植、初山踏み（初山入り）などが一般にはよく知られている。実際に農作業がはじまるのは春だが、年のはじめにあたり、農作業を模擬的に行うことで豊作を祈願するのである。たとえば東北地方の庭田植では、雪をかきならして籾殻をまき、そこに苗に見立てた藁や松の小枝を挿して田植のまねごとをして、その年の豊作を祈る。土佐の鍬入れでは、鍬にナマグサと吊し柿と炭をくくりつけたのをかついで、供米を持って各自の田に行き、田を起こして葉竹を立て、オサバエ様の祭りをする。そのときに、「今年も千万石取れますように云々」と唱える（『歳時習俗語彙』、一〇〇～一頁）。

また小正月に行われる繭玉の行事は繭の形に作った団子をミズキの枝に挿して繭の豊作を祈る。これも一種の予祝儀礼であり、古くはミズキの枝に餅をつけたコメノホとかエナボと呼ばれる小正月の行事に原形があって、それが今日のようなかたちに発展したらしい。コメノホもエナボも稲の穂がたわわに実った様子を擬したもので、その起源はやはり農作業の開始に先立って行われる予祝儀礼にあるとみられる。

春山入りと花見

鍬入れや庭田植など農耕の予祝儀礼には歌や舞がともなうのが古い形式らしい。この歌と舞がのちに独立して散楽の影響をうけながら田楽に発展するわけだが、『播磨国風土記』賀毛郡穂積の里のくだりには次のような歌が挿入されている。これも農耕の予祝儀礼で歌われたらしい。

愛《うつ》くしき　小目《をめ》の小竹葉《ささば》に　霰降り　霜降るとも　な枯れそね　小目の小竹葉。

小目は地名で、穂積の里の南方には小目の野が広がっていた。「かわいらしい小目野の笹葉に霰が降り、霜が降っても枯れるなよ、小目野の笹葉よ」という意味である。笹は榊や杖とならんで採物のひとつで、上井久義氏の説明では、この歌は農耕の予祝儀礼で笹を採物にした舞とともに歌われたようだという（「風土記と民俗学」）。笹を稲の穂に見立て、それを採物にして、霰や霜が降っても枯れないでほしいという願いをこめて歌われたのだろう。

笹《ささ》は「サ」を重ねた語で、サはすでに述べたように、笹のような長い葉がすれ合う音をいい、霊威の発動を意味していた。笹の葉ずれの音に古代人は神の訪れを感じとっていたのである。また笹の葉は見た目にも稲の葉に似ているから、葉のかたちといい、葉のすれ合う音といい、笹は田の神や穀霊の依り代としてまことにふさわしい。その笹を採物にして歌に合せて舞うことで、秋の実りを予祝するのである。農耕の予祝儀礼が古くから行われていたことは、この採物歌によっても推察できる。

このように農耕の予祝儀礼は年頭行事として正月に行われることが多いが、もとはいわゆる春山入りの儀礼に起源があるらしい。春山入りは春の一日を山に登って花や山菜を摘んだり、柴を刈ったりして、それらを神に捧げて豊穣や幸福を祈る風習のことで、年のはじめではなく、文字通り農作業の開始に先立って行われた。その伝統は卯月八日、花見正月、春事、山いさみ、山あがりなどといって、老若男女が連れだって付近の山に登り、一日を遊び暮す遊山行事に受け継がれている。『歳時習俗語彙』から二、三例をあげてみると、奈良県宇智郡では三月三日を「花見」といい、以前は老幼男女を問わず、打ち連れて見晴らしのいい丘の上などに登り、鮓や酒肴を携えて遊山に一日を暮したものであった。秋田県鹿角地方では四月の一日を花見とも東山を拝むともいって、やはり老少男女が連れ立って付近の山に登り一日を遊び暮すことになっている。東北の陸中紫波岩手などの郡では、四月一日を「花見」または「山見」といい、野山に出て酒食をするという（四〇二〜三頁）。

この章のはじめに岩手県紫波郡に伝わる「桃の子太郎」の昔話を紹介した。父と母が花見に行くと桃をさずかる話で、これは同じ紫波郡あたりで四月一日を「花見」といっているのと明らかに関係があって、この昔話の背景に春山入りの予祝儀礼があることを示唆している。

四月一日とはかぎらないが、今日でもお花見と称して、桜の季節になると桜の名所はどこも花見客でにぎわう。これも春山入りの儀礼に起源があって、かならず飲食がともなうのもその名残りである。春山入りの伝統は今日の花見に脈々と受け継がれているのである。

古代の春山入りは農作業の開始に合せて行われる予祝儀礼であった。花見はその一環として行われたのだろう。山桜が満開を迎えるころ、人々は付近の山に登り、花をめでながら飲食をともにする。『播磨国風土記』揖保郡枚方の里のくだりには、春山入りの儀礼と思われる記述がみえる。

佐岡と名づくる所以は、難波の高津の宮の天皇のみ世、筑紫の田部を召して、此の地を墾《は》らしめし時、常に五月《さつき》を以ちて、此の岡に集聚《つど》ひて、飲酒《さかみづ》き宴遊《うたげ》しき。故、佐岡といふ。

現代語に訳してみると、佐岡と名づけるわけは、難波の高津の宮の天皇（仁徳天皇）のみ世に、筑紫の田部をよび寄せてこの地を開墾させたとき、いつも五月《さつき》にはこの岡にみな集まって酒を飲み宴遊した。だから佐岡《さおか》という。

佐岡という地名の由来を語った話である。佐岡は兵庫県太子町佐用岡の西北方にある佐岡山のこと、田部は天皇直轄の田の耕作をする部民で、これを九州の筑紫から呼び寄せて開墾させたのである。ここでとくに注目したいのは、「いつも五月にはこの岡にみな集まって酒を飲み宴遊した」とあることで、五月という時期からいっても、農作業の開始に合せて行われる農耕儀礼であり、春山入りの行事であったことは間違いない。

すると佐岡《さおか》という地名が五月《さつき》の「サ」に由来するという説明もたんなる語呂合せでないことがわかる。「サ」は前にもいったように、サツキをはじめサオトメ、サオリ、サノボリ、サクラなどの「サ」と同じで、田の神や穀霊を意味する古語である。サオカ（佐岡）は「サ」の神が依りつく神聖な岡という意味で、岡そのものが神の依り代であり、ご神体でもあったのだろう。その岡に田の神を招いて祭りがいとなまれる。みなが集まって酒宴を開くとあるのはそのことで、要するに農作業の開始に先立って行われる予祝儀礼である。日本古典文学大系『風土記』の頭注は、これを「田植祭り」と説明しているが、具体的には田の神を迎えて行われる田植祭りとみていいだろう。

佐岡はサの神が依りつく岡という意味である。サの神の依り代は桜の木で代表されるから、佐岡は山桜の名所でもあったのだろう。『播磨国風土記』の記述にはないが、岡は山桜でみごとに埋めつくされていたと想像してみるのも楽しい。田植は田の神の依り代である桜の開花に合せて行われるのが古いしきたりであってみれば、陰暦の五月に佐岡で行われる遊宴は花見でもあったはずである。

季節とともに魂の活力も変動する

花見は文字通り花を見ることだが、しかしひとくちに「見る」といっても、その意味は時代によって微妙に変化した。とくに古代人にとって「見る」とは、たんなる視覚的なはたらきのことではなく、魂を活性化させる呪的なはたらきを意味していた。古代人の生命観によれば、生命をつかさどるのは霊魂であり、霊魂を活性化させる呪術的な儀礼として春山入りの行事が考えられていたのである。

山吹。山地に自生する。春に咲く黄金色の小さな花が山にいろどりをそえる。

春は花や草木がいっせいに蘇生する季節である。秋から冬にかけていったん枯死した植物が春になってふたたび生命をよみがえらせると、冬枯れの荒野は一転して花や青葉で埋めつくされる。前章でも述べたように、ハナ（花）は「端《はな》」と語源的に同根とされ、ハナには「先ぶれ」とか「兆し」という意味がある。花は冬のあいだ枯死していた植物が蘇生する前兆とみられていた。この時期に山に登り、見渡すかぎりの花や青葉を目のあたりにすることは、人間にとっても生き返る思いがあったにちがいない。みずみずしい花や青葉は自然の生命力が活発に発動する姿をあらわしていて、そこに古代人は一種の呪的なはたらきをみていた。花や

二輪草。山林の湿地に群生する。春、ウメの花に似た小さな白い花をつける。春の季語でもある。

青葉には呪力がこもっている。それらを見ることで、長い冬ごもりの生活で萎縮した人間の魂が活性化されると信じられたのである。

これが花見の本来の意義であって、現代の行楽化した花見との違いは大きい。もっとも、現代人でさえ爛漫と咲き乱れる満開の桜を見れば、何となく心が浮き立つような気分になるから、花見の原義がまったく失われたとはいえないかもしれない。心が浮き立つような気分は、古代人の感覚からいえば、身体の内部に宿る魂が活発に活動している状態にほかならなかった。桜の花を見ることで、その呪力が見る人の身体に感染し、魂が活性化される。いずれにしても人間の生命と植物の生命は有機的な関係にあって、それゆえに花や青葉を見ることが、人間の生命にも直接影響をおよぼすと考えられたのである。

また生命をつかさどる霊魂のはたらきは季節によって大きく変動するとも考えられた。春から夏にかけて霊魂は活発に活動し、逆に秋から冬にむかって霊魂のはたらきは衰弱する。これは人間にかぎらず植物にもいえるこ

晩秋の空に映える紅葉。生命をつかさどる霊魂のはたらきは秋から冬にむかって衰弱する。植物にかぎらず人間の魂も同様に考えられた。

とで、樹木が青々と葉を繁らせるのは、樹木に宿る霊魂が活発に活動している証拠とみなされた。

逆に秋になると、樹木の葉は赤や黄に色づき、そして最後は落葉する。これは霊魂のはたらきが弱まり、休眠状態に入ったことを示している。

霊魂のはたらきは季節によって活発になったり衰弱したりする。人間の霊魂も同様で、たとえば益田勝実氏によると、古代律令制の時代には死刑執行の季節は樹木繁茂の期間を避けるようにきめられていて、「樹木凋落の秋が人を死刑にするのにふさわしい季節」とされたという。これはすこぶる示唆に富む説で、益田氏はその理由を次のように説明する。

夏の繁茂のさかりに欠損された草木は、その精を害される。秋に葉を落とし、茎を枯らして休眠に入ったものは、一陽来復、ことごとく芽ぶく。この世で奪われなければならない人間の生命も、殺害はその身体にとどめて、霊魂を滅ぼさないようにする。再生の可能性を断つような殺し方でなく、今生の悪しき形骸を奪うにとどめて、休眠させる（「古代人の心情」）。

人間は肉体と霊魂からなり、肉体は霊魂を入れる容器で、霊魂が中身である。死は肉体の消滅であって、かならずしも霊魂の消滅ではなかった。だから人を殺害するのは、正確にいえば肉体であって、中身の霊魂ではない。秋は霊魂のはたらきが弱まる季節であり、この時期に殺害すれば霊魂を首尾よく休眠させることができる。冬になると霊魂は休眠状態に入るので、この時期ではかえって霊魂まで滅ぼすことになる。そこで霊魂が休眠状態に入る直前の秋が人を殺害するのに最もふさわしい季節とされたのである。

もし霊魂の活動がピークに達する夏に殺害すればどうなるだろうか。霊魂は害されるものの死滅することはなく、逆にそれが怨霊となって人に祟りをもたらすと考えられた。だから死刑執行は霊魂のはたらきが活発化する春から夏の季節を避ける必要があったのである。

ともかく死刑執行が樹木繁茂の季節を避けるように慎重にきめられていたのは興味深い。これは人間も草木も同じ生命原理に支配されていることを示すもので、それをつかさどるのがほかならぬ霊魂であった。霊魂は春になると、活発に活動をはじめる。春山入りがこの時期に行われるのは霊魂のはたらきと大いに関係があって、霊魂が活動をはじめる時期に符節を合わせるように決められていたのである。

霊魂と同じように植物もまた季節によって生命のはたらきが変化する。春は植物の生命力が活発に活動を開始する季節であり、この時期に山に登り、花や青葉を見て、その息吹を体内にとり込もうとするのが春山入りの本来の意味である。季節によって生命のはたらきが変動するといういわば植物的生命の循環が人間の生のいとなみにも大きな影響をあたえていたわけで、それを具体的に実践したのが春山入りであった。

『万葉集』に歌われた春山入り

『万葉集』には春山入りの情景を詠んだと思われる歌が何首かおさめられている。次の歌などもそのひとつと考えられる。

見渡せば　春日の野辺に　霞立ち　咲きにほへるは　桜花かも　（巻第十―一八七二）

素直に詠めば、「見渡すと、春日の野辺に霞が立ち、美しく咲いているのは桜花であろうか」となる。しかしさきほどもいったように、見ることは呪的な行為であり、美しい桜花とは、言い換えれば呪力のこもった花という意味でもある。草木には霊魂が宿っていて、その霊魂の発する力が呪力である。草木が美しい花を咲かせるのは霊魂のなせるわざであって、それゆえに美しい花には呪力がこもっている。

「咲きにほへる」とは、自然の生命力（＝呪力）が活発に発動している様子をあらわした言葉であり、その桜花を見ることで、自然の生命力をみずからの身体に感染させようという意味がこの歌には隠されている。

また「見渡せば　春日の野辺に　霞立ち」とあるように、桜花のほかに霞が歌に詠み込まれているのも偶然ではない。花と同じく霞にも呪力があり、ここでは桜花とともに、それらを見ることで魂の活力が増幅されると信じられた。霞は春の季節に特有の現象であり、花と同様に春の到来を告げる風物であった。古代人の発想に引き寄せていえば、花も霞も呪力を帯びていることから「見る」対象に選ばれたのである。

春日野に　煙立つ見ゆ　をとめらし　春野のうはぎ　摘みて煮らしも　（巻第十―一八七九）

これも春山入りの情景を詠んだ歌である。「うはぎ」はヨメナの古名で、春菜の一種である。春日野に煙の立つのが見える。乙女らが春菜を摘んで煮ているようだという。

国見峠（福島県伊達郡）からの眺望。「国見」という名で呼ばれる小高い山や丘は多い。

春山入りは山に登って見渡すかぎりの花や青葉を見るわけだが、そのほかに若菜を摘んで煮て食べたらしい。花や青葉と同様に、わかやかな春菜にも呪力がこもっている。とくに大地のなかから芽ばえたばかりの若菜は強力な呪力を帯びていて、その春菜を摘み、煮て食べることで、呪力を体内に直接取り込もうとする。春山入りは花や青葉を目で見るだけでなく、呪力のある春菜を食べることで冬のあいだ衰えていた生命力の強化をはかったのである。老若男女が連れだって付近の山に登り、一日を遊び暮す遊山行事が春山入りの遺風であることはすでに述べた。こうした行事にかならず飲食がともなうのも春菜を摘んで煮て食べた古い時代の名残りといえる。

歌の冒頭に「春日野に　煙立つ見ゆ」とあり、煙の立つのが見えると歌われている。煙に呪力があることはすでにふれたが、この場合は春菜を煮る煙が呪力を帯びていて、その煙を見ることもまた生命力の活性化につながると信じられた。

煙は霞とともに春の風物として国見歌でもよく歌われる。『万葉集』の初巻を飾る舒明天皇の有名な国見歌にも、舞い立つ水鳥の姿とともに立ちのぼる煙のことが歌われている。

大和には　群山あれど　とりよろふ　天の香具山　登り立ち
国見をすれば　国原は　煙立ち立つ　海原は　鴎立ち立つ　う

まし国ぞ　あきづ島　大和の国は

大和には多くの山があるが、なかでも円満具足した天の香具山、その山に登って国見をすると、国原には炊煙があちこちに立ちのぼり、海原には水鳥がしきりに飛び立つ。美しい国だ、あきづ島の大和の国は。

国見は文字通り山や丘など高いところに登って国状を見ることで、その起源は村落の首長が山に登って村を一望する呪術的な儀礼にあるとされる。つまり国見は首長が行う春山入りの儀礼にはじまったのである。

この歌では立ちのぼる煙、水鳥の飛び立つ姿が見る対象に選ばれている。「国原は　煙立ち立つ」の煙は人家の竈から出る炊煙のことで、その炊煙が霊威を示しているとみるべきだろう。海原に水鳥がしきりに飛び立つのも同様に考えることができる。人家の煙と水鳥たちの舞い立つ姿に春の息吹を感じている。阪下圭八氏の言葉を借りると、この歌は「まさに始動を開始した自然と人間の姿」を歌ったもので、「春が開かれ、生成の季節がはじまる」という古い春山入りの伝統がここにはこだましている（『初期万葉』、六九頁）。

このように春山入りは国見歌にも受け継がれていて、見ることは呪的な行為であり、生命力の発動を意味していた。とくに春山入りでは呪力のある花や青葉を見るだけでなく、その花を手折り、青葉のついた柴を刈り取って山から持ち帰り、家の門や軒先に挿して家族の健康や幸福を祈った。また田畑に挿して農作物の豊穣を祈願した。花や柴を挿すのはその呪力を感染させるためであり、田畑に挿せば花や柴の呪力が田畑に感染し、稲や作物が豊かに実ると信じられた。春山入りは人間だけでなく家屋や田畑にも花や柴の呪力を感染させて、一家の繁栄、田畑の豊かな実りを祈願したのである。

花や柴は山に自生しているから、花や柴の呪力も元来は山の霊力の一部とみることができる。花を摘み、柴を刈って山から持ち帰り、それらを家屋や田畑に挿すのは、山の霊力を里に移植するという意味があったのだろう。一家の繁栄や家族の健康、それに農作物の収穫も山の霊力に依存しているのである。

春山入りの遺風

天明時代（一七八一〜九）における高崎市地方の年中行事を記した『閭里《りょり》歳時記』によると、四月七日の夕方から藤の葉を家の軒に刺す風習があったという。また京都では、この花を室内の花瓶に挿した。和歌山県では家族の人数だけ竹の花筒を立てて、卯の花を挿しておく風習もあるという（『日本年中行事辞典』、三九六〜七頁）。これらの例にも春山入りの儀礼の名残りがかすかに感じられる。春山入りは農作業の開始に合せて行われる予祝行事であり、その伝統はすでにみたように卯月八日、花見正月、春事などの遊山行事に、さらには正月行事に受け継がれている。

また地方に伝わる神事や祭事なども丹念に調べてみると、春山入りの遺風と思われる儀礼が少なからず残されているようである。たとえば兵庫県三木市長屋（旧美嚢郡久留寿村長屋）の岩坪神社では、五月二日（もとは旧暦四月二日）に春の御田の神事がいとなまれる。参詣者は氏神の裏手にある宮田に行き、まだ水の入っていない田に一本の柴を挿して拝礼して帰ってくるという（宮本常一編『日本祭礼風土記』第二巻、一八〜九頁）。この柴は稲に見立てたものらしく、山から持ち帰った柴を田に挿して豊作を祈願した春山入りの予祝儀礼をほうふつとさせる。

そのほか農作物の豊穣を祈願する風習にも春山入りの伝統が残されている。長野県の農村には赤花の山ツツジの枝を手折ってきて、苗代田の周囲に挿しておく習俗がある（国分直一「森の信仰」）。これも春山入りの名残りといえよう。また苗代に種籾をまきおろしたときに行う水口祭りでも、やはり山から刈り取ってきた柴を季節の花とともに水口に挿して豊穣を祈願するが、これも春山入りの予祝儀礼に起源があるのだろう。

春山入りの儀礼の多くはのちに正月に移行する。とくに小正月に行われる庭田植の行事では、松や榊の常緑樹の小枝を出畑に挿すなど春山入りの予祝行事を思わせるものが比較的多く残されている。庭田植の予祝行事に関してはすでにふれたので省略するが、一例だけつけくわえると、備中（岡山県）阿哲郡の山村では正月十一日を「御田植」と称し、椿と茱萸《ぐみ》の青い枝と、それに萱を田に挿す。萱を挿すのは苗を採るわざを模しているらしい（『歳時習俗語彙』、一六五～七頁）。松、榊、椿などいわゆる常緑樹の柴を田に挿すのは、山から持ち帰った柴を田畑に挿して豊穣を祈願した春山入りの予祝行事を連想させる。むろん柴の呪力を田畑に感染させるという古代の信仰はすでに失われ、もっぱら儀礼化しているが、それでも柴の呪力の片鱗だけは感じられよう。

春山入りは山に登って花や青葉を見るだけなく、その花を手折り、柴を刈って山から持ち帰り、家族の幸福を祈ったり農作物の豊穣を祈願する予祝儀礼でもあった。だから山へ柴刈りに行くのも、その淵源をたどれば古代の春山入りの予祝儀礼までさかのぼることができるのである。すると竜宮童子の昔話に代表されるように、柴を刈って神に捧げれば、その見返りに福徳がもたらされるという昔話のモチーフも、実は春山入りの予祝儀礼の反映とみることができる。

繰り返し述べるように、春山入りはのちにその多くが正月に移行したことから、春山入りの儀礼と正月行事が混同されるようになった。したがって、柴や花を水界に奉納する昔話も、ひと皮めくれば、正月行事よりもさらに古い春山入りの儀礼が透けて見えるのである。

農作業の開始と一年のはじまり

『魏志倭人伝』に、倭人は「其の俗、正歳四節を知らず。但し春耕秋収を記し、年紀となす」とあるように、当時の日本では正歳四節、つまり暦法による正しい年紀はまだなく、春に耕し、秋に収穫することをもって暦の代用としていた。農耕は一年を周期に繰り返されるから、自然の変化や季節の推移を目安に農作業がいとなまれていたのである。たとえばコブシの花が咲いたら田打ちをはじめる、山桜が咲いたら麻を蒔く、また山の残雪が駒形になったら籾種をおろすなど、いわゆる「自然暦」が農事の指標とされていた。

とくに春山入りは農作業の開始にあわせて行われる予祝行事であり、農作業の開始は一年のはじまりでもあったらしい。土橋寛氏も指摘するように、春は天地の生命力が最もさかんに活動する時期であり、「陽気発して山川から盛んに立ち昇り、花や青葉の開く陰暦三月の頃」が暦をもたなかった時代の年のはじめでもあった。(『古代歌謡と儀礼の研究』、二八七頁)。暦が普及する以前は植物が芽ぶく春を一年のはじまりとするのは最も自然であり、そして農作業もそれにあわせて開始された。

やがて天文暦が普及すると、正月(小正月)が年のはじめとされ、それに付随して春山入りの行事も正月に移行するようになる。前にふれた正月行事の鍬入れ、庭田植、初山踏みなどももとは春山入りの予祝行事であって、それが天文暦の普及によって正月に移行したと考えられる。もっとも、春山入りの予祝行事がすべて正月に移行したわけではなく、その伝統はすでに述べたように卯月八日、春事、山見、山いさみ、花見などの遊山行事に受け継がれている。卯月は陰暦の四月にあたり、「卯月八日」という名称は、春山入りが陰暦の四月ごろ田植に先立って行われたことを示すもので、その痕跡といえよう。

なお「卯月」は一般に考えられているように「卯の花の咲く月」という意味ではなく、「田植えの前に土地の精霊をうち叩く呪術」からきているとされる。これは井口樹生氏の説で、井口氏は続けて、「行事としては、卯杖、卯槌が小正月の方に残っている。もともとは小正月に卯の棒で地面をたたき、更に又田植えの前にも効果をたしかめるために叩いた『卯衝き』が、やがて卯の花の盛りの『卯月』に合理解されていったのである」と述べている(『風の木・水の花』、一二〇頁)。

「田植えの前に土地の精霊をうち叩く」とは、田を突いて田の精霊を覚醒させるという意味である。卯月は田植に先立つ月であり、また卯の花が盛りを迎える時期でもあることから、田を突くことを「卯突き」ともいい、これをもじってこの月のことを卯月と呼ぶようになったのだろう。「卯月」が卯の棒で地面をたたく呪術からきていることはおそらく間違いない。井口氏がいうように、小正月の卯杖、卯槌の儀礼はその名残りである。

陰暦の卯月は長い冬ごもりから田の精霊を蘇生させる季節であり、そのために卯の棒という呪具で田を突いて田の精霊を覚醒させ、翌月（五月）の田植えにそなえる。すでに述べたように、五月をサツキというのはサの神、つまり稲霊がとどまる月という意味である。田植えが稲霊の庇護のもとに行われる一種の神事であったことを考えれば、この月をサツキというのもよく理解できる。

これに対して正月十五日をとくにサツキ（五月）と呼ぶならわしが日本海の沿岸地方のあちこちにあり、またこの日を「田植え」というところも多い（『歳時習俗語彙』、一九八頁）。五月や田植えとは直接かかわりのない正月十五日をこのように呼ぶのは、春山入りの行事が正月に移行したことを示すもので、その痕跡といえよう。ほかに春山入りが正月に移行したことを示す事例に「花正月」とか「花迎え」などの正月行事がある。三河北部では、正月の門松にする松を伐ってくることを「花迎え」といい、岡山県川上郡ではこれを「花切り」という（同前、六八八頁）。また埼玉県北埼玉郡では旧正月十四日から十五日の年越しを「花正月」と呼んでいる（同前、一七四頁）。まだ花の咲かない正月に「花正月」とか「花迎え」などといって花を冠したことばで呼ぶのは、かつて山から花を迎えた春山入りの遺風と考えれば納得がいく。実際に花を迎えることができなくなっても名称だけが残されたのであろう。

また松や榊をはじめ各種の常緑樹をハナと呼んでいる地方がある。これももとは花を迎えたことによるもので、松や榊をいわば花の代用とみているのだろう。

かつて東北地方では大正月を松の内といい、これに対して小正月から月の末までを「花の内」と呼ぶならわしがあった（同前、一七四頁）。「花の内」は十五日から飾り始めた削り花や粟穂《あわぼ》稗穂《ひえぼ》の類を立てておく期間という意味で、これも山から花を迎えた春山入りの遺風とみられる。削り花も粟穂稗穂も小正月の神棚や戸口に供える呪物である。削り花は「削りかけ」とも呼ばれ、ミズキ、ヌルデ、柳などのやわらい木の枝で長さ四五センチほどの丸木をつくり、その先の表皮を途中まで薄く削りかけて、薄片を幾重にも重ねて花びらが開いたようにしたもの。粟穂稗穂はヌルデの木を一〇センチ前後に切り、これを棒の先にいくつかつけて粟や稗に見立てたもので、作物が豊かに実った姿をあらわしているとされる。

削りかけは「削り花」のほかにも「花木」「花飾り」「木花」「花作り」など、やはり花を冠した名で呼ぶことが多く、これらの名称からいっても、削りかけが花を模していることは明らかである。春山入りの行事が小正月に移行するさい、花を迎えることができないので、その代用品として作られたのだろう。上野新田郡（群馬県）の削りかけは「花かき」といって、用材にはニワトコを使う。長さは三尺（九〇センチ）ほどで、三か所を削り、正月十四日に二本ずつ繭玉とともに神前に供え、そして門松を取り去ったあとに松の上枝とともにこ

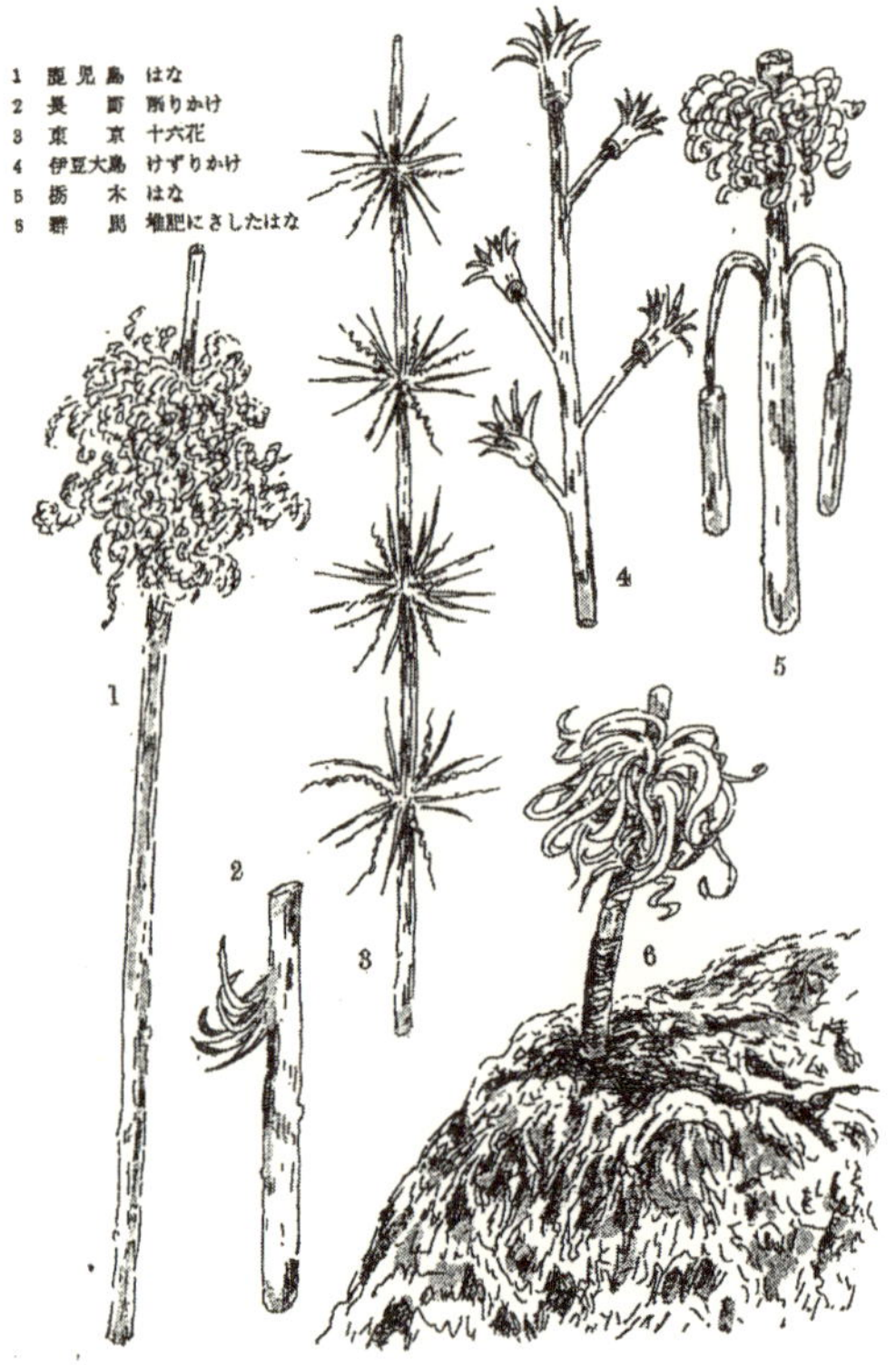

削りかけ。地方によってさまざまなかたちがある（『年中行事図説』より）。

れを挿す。二十日正月にはすべてをかたづけ、花かきは種まきの日まで残しておいて苗代に挿すという（同前、一七七頁）。

ここで注目したいのは、花かきを春の種まきの日まで残しておいて苗代に挿すことである。これは山から迎えた花を田に挿して、その呪力を感染させようとした春山入りの予祝行事を思わせるもので、花かきが花の代用品であった消息を物語っている。

春山入りでは山に登って花を摘み、柴を刈り、それらを山から迎えるわけだが、春山入りが正月に移行すると、花を迎える儀礼は主として花正月とか花迎えなどの小正月の行事に受け継がれていった。花をかたどった削りかけの風習などにその名残りがみられる。一方の柴刈りは、すでに述べたように小柴刈りとか十三柴などと呼ばれる年木切りの風習に発展した。

柴を山から持ち帰る

ところで、土橋寛氏によると、春山入りが正月行事に移行したことを示す実例に奈良県の二上山に伝わる「ダケノボリ」の風習があるという。ダケノボリの「ダケ」はタケ（岳、嶽）のことで、高くそびえ立った山、またはその山頂という意味である。奈良県の山あいの地方にはダケとかダケヤマと呼ばれる特別な山があり、二上山もまたそのひとつである。旧暦の三月二十三日（今は四月二十三日）に、「ダケの郷」と呼ばれる旧二上村ほか六十余の部落では、村人がそろって二上山に登る風習がある。一方、西側の大阪府のほうでもこの山に登るならわしがあり、こちらは正月に行うことになっていて、「正月に高いところに登って煙を上げると、年中息災である」といわれている。同じ二上山のダケノボリでも奈良県では三月に、大阪府では正月に行われるのは、土橋氏がいうように、春山入りが正月行事に移行したことを示すものであろう(『古代歌謡と儀礼の研究』、九七～八頁)。

奈良や大阪にかぎらず昔はダケノボリに似た儀礼が各地で行われていたはずで、たとえば鹿児島県薩摩半島の指宿神社には岳参りの風習が残されている。岳参りはダケノボリの別称であろう。小野重朗氏によれば、この神社では参拝のとき、その山の柴を折って持ち帰ることが行われていたようだという(「指宿神社の母胎―モイドンをめぐって」)。岳参りは山に登って山の霊力を帯びた柴を持ち帰ることに本来の意義があったらしい。こうした風習は同じ鹿児島県内にある佐多の御崎神社、国見岳、高隈山などでも行われているという。

このように春山入りの行事は神社の祭礼などと習合しながら今日まで残されているものもある。煩をいとわずに、ほかにも例をあげてみることにしよう。

柳田国男は『神樹篇』のなかで、神木の一部がさらに神木として崇拝されているとしながら、それを山から持ち帰る習俗にふれている。たとえば陸奥の岩木山神社の祭典は八月一日であったが、ここでも参詣者が松の小枝を手折って山をくだるならわしがあったようで、このことは山中共古の『共古目録』に記されているという。また紀州熊野の社では参詣人が榊をかざして帰る風習がある。柳田自身も那智の浜宮でこれを目にしたといい、帰参の人々が手に手に神札に杉の小枝を折り添えたのを紙に包んで携えていたと述懐している。若狭遠敷郡瓜生村大字末野の西神社(式内須倍神社)では、いまはエビスを祭神と称して、旧暦三月二十三日と九月二十八日の年に二度の祭日には、土地の者が少しばかりの杉葉を束ねてこれを参詣人に売る。この杉葉を屋内または軒下に挿しておけば、悪気を祓うといわれている(『定本柳田國男集』第十一巻、五二一～三頁)。

柳田はまた別のところで京都の西北に屹立する愛宕山の盆の魂迎えに言及し、愛宕山は「いまでも信心の者が登拝して、必ず樒の枝を折って還る山であった」と述べている(『定本柳田國男集』第十五巻、五五六頁)。山は先祖の霊が鎮まるところである。愛宕山周辺の住民は、この山に登って樒の枝に先祖の魂を乗せて迎えるのである。しかし柳田も指摘するように、七月の魂迎えがさかんになるのは中世以後のことで、山に登って樒の枝を持ち帰る日はかならずしも盆の日とはかぎらなかったらしい。そう考えると、愛宕山の盆の魂迎えも、歴史をさかのぼれば春山入りに起源があるとみてさしつかえなかろう。

松の枝葉。岩木神社（青森県）の例祭では松の小枝を手折って山をくだる風習がある。

春山入りの儀礼はその土地に伝わる説話や伝説などと習合しながら独特の風習へ発展することもある。伏見の稲荷大社では、二月の初午祭りに稲荷山の杉の枝を持って帰路につくならわしがある。この杉の枝が有名な「験《しるし》の杉」で、土地の人々に珍重されているが、かつては稲荷山に自生する神木の杉であったらしい。このことは『山城国風土記』逸文にある「伊奈利の社」の説話が示唆している。

秦中家忌寸等《はたのなかつへのいみきら》が遠つ祖、伊呂具《いろぐ》の秦公、稲粱《いね》を積みて富み裕《さきは》ひき。乃ち、餅を用ちて的と為ししかば、白き鳥と化成《な》りて飛び翔《かけ》りて山の峯に居り、伊禰奈利《いねなり》生ひき。遂に社の名と為しき。其の苗裔《すえ》に至り、先の過を悔いて、社の木を抜じて、家に殖えて祈み祭りき。

秦氏の先祖の秦伊呂具は稲や粟などの穀物を積み上げて富んでいた。あるとき、餅を的にして弓で射たところ、それが白鳥になって飛び去り、山頂にとどまった。そしてそこに稲が生えたので稲生《いねな》り、つまり稲荷《いなり》といい、これを社名とした。

子孫の代になって、先祖の過ちを悔いて、社の木を根こじに引き抜いてきて家に植えて祀ったという。

これは稲荷大社の社名の由来を語った説話である。餅を的にして弓で射ると、それが白鳥になって山頂にとどまった。白鳥が稲魂の化身、もしくは稲魂そのものであることはいうまでもない。

稲荷大社の「験の杉」

餅を的にする話は『豊後国風土記』逸文にもあって、豊後の国の球珠《くず》の郡の広い野に大分《おほきた》の郡から移住してきた人があった。長いあいだ田を作っているうちに家は富み、楽しく暮していた。酒を飲んで遊んでいるとき、ふと弓を射たところ、的がなかったので餅を的にして射ていると、その餅が白い鳥になって飛び去った。それから家はしだいに衰えて、一族も行方知れずになってしまった。あとはむなしい野原になっていたのを速見の郡に住んでいた訓邇《くに》という人がここに来て田を作ってみたが、苗はみな枯れうせたので、驚き恐れて二度と作らなくなったという。餅が白い鳥になって飛び去るのは秦伊呂具の話とまったく同じである。白い鳥は稲魂で、稲魂が飛び去ってしまった田はいくら苗を植えても育たないことを示している。

さて、稲荷大社の「験の杉」の話にもどると、山上伊豆母氏は、『和名抄』の著者である源順の『源順集』に、

稲荷山　峯の上にたてる　すぎすぎに　行かふ人の　たえぬけふかな

という歌があることを例に引きながら、「験の杉」はかつては稲荷山という神峯に高くそびえる神スギであったと述べている（『古代神道の本質』、二五七頁）。いまでこそ「験の杉」は杉の小枝にすぎないが、少なくとも平安時代中頃までは稲荷山のご神体である杉の巨木そのものをいったらしい。

「枝葉末節」という言葉があるように、枝葉にはあまりいい意味はないが、しかし信仰の世界にかぎっていえば、

たとえ小枝であっても神木の代用になりうる。「験の杉」はその好例といえよう。エリアーデのひそみにならっていえば、一部は全体に匹敵し、俗なるものが聖なるものに転換されるという「聖の弁証法」が成立する（『豊饒と再生』、二六一頁）。稲荷山でも杉の小枝が神聖なものとして人々に崇められているのである。

杉の枝葉。その形状が稲穂に似ていることから稲魂の象徴ともされた。

また山上伊豆母氏は稲荷山と杉の関係にも言及し、早春二月の初午は祈年祭に相当する米作予祝の祭りであって、それゆえ稲穂に似た杉の枝葉が喜ばれたのではないかと推測している。杉の枝葉を稲穂に見立てることは十分に考えられる。杉の小枝は神木だが、同時に稲穂を見立てたものでもあり、それを山から持ち帰るのが初午祭りの最大のイベントであったらしい。

稲荷大社に伝わる山の杉の小枝をもって帰路につくならわしもまた春山入りの予祝儀礼にはじまったのだろう。「験の杉」について付言すると、さきに引いた『山城国風土記』逸文には、稲魂の化身である白鳥が飛び去って山頂にとどまり、そこに稲が生えたとある。山頂は、言い換えれば木の梢でもあり、とくにこの場合は杉の梢をさしている。杉の梢に白鳥がとどまり、そこに稲が生えたというのは、要するに杉の枝葉を稲穂に見立てているわけで、稲魂の化身である白鳥と杉が結びつく消息が語られている。この杉が稲荷山のご神体であり、つまりは「験の杉」にほかならない。「験の杉」はもとは神木の杉であったが、のちに杉の小枝で代用されるようになると、その小枝を持ち帰ることは、ご神体の杉に宿る稲魂の分霊をいただくという意味にもなる。

このように稲荷山の杉、愛宕山の樒、そのほか榊など常緑樹の小枝を山から持ち帰る風習はとくに神社の祭日に多くみられるようである。山から持ち帰るのはたんなる小枝ではない。常緑樹の小枝、つまり柴には山の霊力が宿っていて、その山の霊力を小枝に託して持ち帰るのである。これらの風習は古代の春山入りに端を発し、その土地の説話や伝説などと結びつきながら、またさまざまにかたちを変えながら今日に伝えられてきたのだろう。

再三述べるように、春山入りでは花を摘み、柴を刈り、それらを山から持ち帰って門や軒先、それに田畑などに挿して幸福や豊穣を祈願した。正月行事にかぎっていえば、山から花を迎える儀礼は花正月、花迎えなどの小正月の行事に残されている。また山から柴を迎える儀礼は十三柴、柴節供、小柴刈りなど、いわゆる年木伐りの風習にその伝統が受け継がれているようである。春山入りの風習が正月に移行すると、まだ花の季節ではないから花や青柴を山から迎えることはできない。そこで花や青柴のかわりに松などの常緑樹、あるいは葉のない柴を伐ってくることになる。この松がのちに門松に、葉のない柴が年木や御竈木に発展する。正月行事に欠かせない年頭の呪物が薪であったり、また門松であったりするのは、年のはじめが春から正月に移行したことに直接の原因があるとみていいだろう。

柴を神に捧げる

とくに柴刈りは竜宮童子の昔話では重要なテーマになっていて、刈り取った柴を神に捧げ、その返礼として竜宮童子や福徳をさずかる話は春山入りの予祝行事の残映とみることができる。刈り取った柴を神に捧げ、その見返りに少童や福徳をさずかるのは本来は春山入りの予祝行事に由来する。柴刈りはもとは春山入りの予祝行事であり、春山入りの多くが正月に移行したために、柴刈りもまた主として正月の儀礼とみなされるようになったのである。

土橋寛氏は、「元日に薪炭を拾うと幸福がやってくる」という熊本県阿蘇郡に伝わる俗信にふれている（「昔話と民俗」）。薪炭を拾うことがなぜ幸福に結びつくのか、これだけではよくわからないが、燃料の薪炭を柴に置き換えてみれば明らかなように、この俗信の意味するところは竜宮童子の昔話にみられるモチーフと実は同じで、正月の予祝行事、ひいては春山入りの予祝儀礼がかたちを変えて伝えられてきたものといえよう。

ほかにも予祝的な意味が隠されている昔話は少なくない。たとえば「鳥呑爺」の昔話にも柴刈りの爺が登場し、屁ひり爺などと呼ばれて金銭や褒美をもらう話がある。大分県竹田市に伝わる「鳥呑爺」の話では、爺が薪とりに行くと、小鳥が木の上で「あやちゅうちゅう、あやちゅうちゅう、にしきさらさら五葉の松下からぴーん」と鳴く。爺が「おのれの舌の上に乗って鳴いてちみい」というと、鳥が飛んできて鳴く。爺は鳥を呑むと、そのとおりの屁が出る。爺は娘と相談して「日本一の屁こく爺」と書いた旗を持って諸国をま

タイルを貼った改良カマド（岩手県一関市室根町の民家）。一般にカマドで燃やすたきぎは近くの共有林で賄うことが多かった。

わり、殿様のところで屁をひって褒美をもらって帰る（『日本昔話大成』第四巻、一七四頁）。

また岐阜県大野郡の類話では、爺が春木山へ春木伐りに稗の飯と味噌を持って行く。爺が木を伐っていると、雀が稗の飯を食って苦しんでいる。爺が雀をとって焼いて味噌をつけて食うと、「ぶんぶんひよ鳥恋は焦がれてちんちろりんちんちろりん」と屁が鳴る。爺は屁売りに行って女に一両もらって屁をこいで聞かせ、「屁売り爺」と呼ばれるようになる（同前、一七八頁）。

春木は竈やイロリで燃やすたきぎのことで、村人が日常の煮炊きや暖房に使うたきぎは近くの共有林で賄っていたが、その共有林を春木山と呼ぶこともあった。いずれにしても山へたきぎ伐りに行くことが幸運をさずかるきっかけになっていて、ここにも予祝儀礼のモチーフがみられる。

蛇足ながら、鳥は神の使わしめ、もしくは異界からの使者である。その鳥を呑み込んだり食べたりすることで異界の呪力を身につけ、常人にはない特殊な能力を元手に金をもうけるわけで、山へ柴刈りに行った爺が福運をさずかるというテーマがここにもみられるのである。

そのほか柴刈りが予祝的な意味をもつ昔話に「猿地蔵」がある。これは山へ柴刈りや薪伐りに行った爺が幸運を手に入れる話で、話のモチーフは「鳥呑爺」と同じである。福島県いわき市に伝わる話を一例にあげると、正直な爺が柴刈りに行き、草原で寝ていると猿がやって来る。猿は爺を地蔵様と間違えて連れていき、祠に置いて栗や小判を供える。それを爺が持ち帰るという話である。例によって悪い爺がそれをまねて失敗するという落ちがついている（同前、二八二頁）。この話に登場する猿は山の神の眷属のようで、その意味では「鳥呑爺」の鳥と同じような役回りを演じている。

柴刈りはもともと春山入りの予祝儀礼に起源があって、刈り取った柴を神に捧げて家人の幸福や農作物の豊穣を祈るところに本来の意味がある。「鳥呑爺」や「猿地蔵」の昔話は山へ柴刈りに行くところから話がはじまるように、これも柴刈りの予祝儀礼を説話的に表現した話とみることができる。

終　章　山の霊力

刈敷と呪術

柴刈りの起源は遠く古代の春山入りまでさかのぼることができる。柴は山の霊力の象徴であり、その柴を刈り取って山から持ち帰り家の門や田畑に挿すのは、山の霊力を里に移植するという意味がある。人間も農作物もみな山の霊力によって生かされているという構図が浮かび上がってくる。

山の霊力を移植するという意味では「古風な肥培法」といわれる刈敷もまた柴刈りと似たようなところがある。刈敷について少し詳しくみていくことにしよう。

刈敷は田畑に入れる緑肥のことで、一般には晩春から初夏にかけて、つまり田植に先立つ農作業の一環として古くから行われていた。山から柴や草を刈ってきて田に敷き、田下駄などを使って泥のなかに踏み込むのである。柴や草の腐食によって窒素分の多い土壌がつくられ、苗をすみやかに成長させることができるとされる。『播磨国風土記』賀毛郡河内の里のくだりには、刈敷に関する記述がみえる。

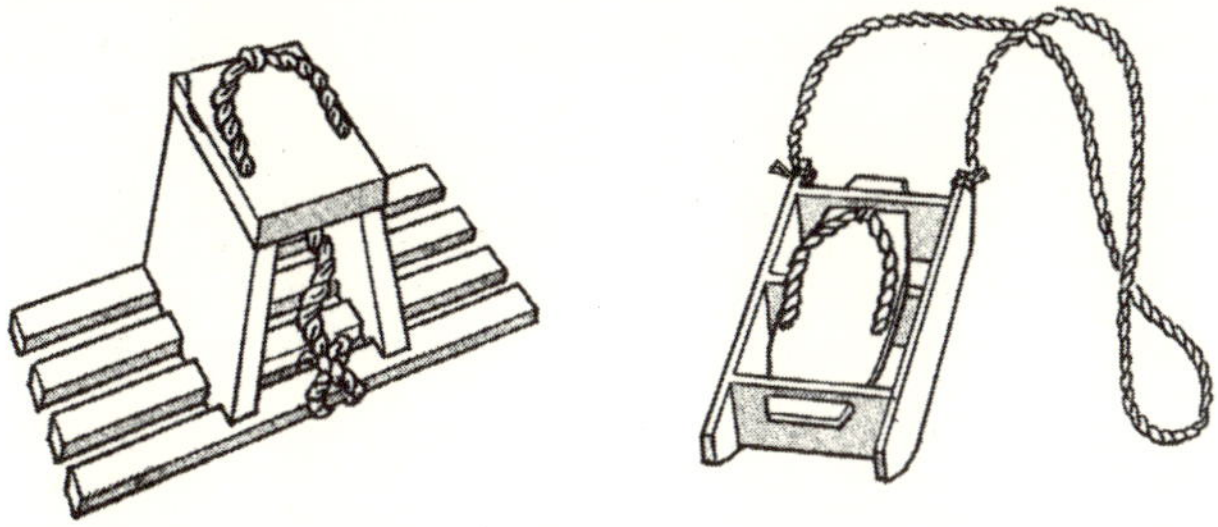

田下駄（『民俗の事典』より）。

此の里の田は、草敷かずして苗子《いなだね》を下《おろ》す。然《しか》る所以は、住吉《すみのえ》の大神、上りましし時、此の村にみ食《をし》したまひき。爾《ここ》に、従神等《みとものかみたち》、人の苅り置ける草を解き散《あら》けて、坐《みまし》と為しき。その時、草主《くさぬし》大《いた》く患へて、大神に訴へければ、判《ことわ》りて云《の》りたまひしく、「汝が田の苗は、必ず、草敷かずとも草敷けるが如生ひむ」とのりたまひき。故《かれ》、其の村の田は、今に草敷かずして、苗代を作る。

現代文に訳すと、この里の田は草敷かず、つまり刈敷をしないで苗の種をまく。その理由は、住吉の大神がのぼっていらしたとき、この村で食事をとられた。お供の神々は人が刈っておいた草を解き散らかして座席の敷物にしたため、草の持ち主は大いに心配して大神に訴えた。大神は訴えを聞き入れ、「お前の田の苗は草を敷かなくても、草を敷いたように苗がかならず生えるだろう」といった。だからその村の田はいまでも草を敷かずに苗代を作るのだという。

これは刈敷をしない特殊農法がこの村で行われていたことを述べたもので、裏を返せば、苗代を作る前には刈敷をするのが一般的であったことを示している。もっとも、古い時代の刈敷は苗代だけで、いわゆる本田《みた》では行われなかったらしい。木下忠氏によれば、本田に多量の柴草や堆肥を施すようになるのは中世以降のことで、古代の施肥の記録がすべて苗代に関するものであることなどから、昔の刈敷は苗代にかぎられていたようである（『日本農耕技術の起源と伝統』、一一二頁）。『播磨国風土記』の説話も苗代田について述べたものである。ともかく古代の刈敷が苗代にかぎられていたのは記憶にとどめておきたい。

刈敷は堆肥や下肥のような速効性はないものの、苗の成長に役立つとされる。ところが刈敷の実際的な肥料効果を疑問視するむきもある。坪井洋文氏もそのひとりで、坪井氏が福島県（郡山市湖南町館）に在住する篤農家の橋本武氏から聞いたという話を紹介すると、「カッチキは苦労してやったが、だからといって稲の稔りの多少に効果があったかどうかわからない。効果があったと自覚したことはなかった」という（「日本人の再生観」）。カッチキはカリシキ（刈敷）の方言で、この話は長年にわたって刈敷を行ってきた篤農家の体験談として重みがある。

それにしても、刈敷が稲の収穫にほとんど影響がなかったとは意外である。それでも刈敷をするのはなぜか。坪井氏は、「気休め、安心のため」であったとみている。刈敷の伝統は古く、すでに弥生時代後期には行われていた形跡がある（木下忠「湿田と大足」）。さきほどの篤農家の話では、刈敷をしても稲の収穫にはほとんど影響がないという。しかしこれはあくまでも現代人からみた刈敷観であって、古い時代の刈敷は肥料効果を期待するというよりも、むしろ呪術的な意味で行われたのではないだろうか。たとえば説話や伝説のなかには、そのことをうかがわせる話がいくつかある。一例をあげると、柳田国男の『神樹篇』には、農夫が刈敷にする枝を切るつもりで注連を引きめぐらした神木の榎に登ったところ、神罰にあたり身体がしびれて動けなくなった話が紹介されている（『定本柳田國男集』第十一巻、一三〇～一頁）。注連を引きめぐらした神木の枝を切るというのも、ずいぶん大胆な発想である。神木にはとりわけ強力な呪力が宿っているから、その枝を刈敷にすれば効果も絶大であると農夫は考えたのだろう。もし肥料効果を期待するのであれば、なにも神木の枝である必要はないはずで、刈敷にする柴は肥料効果ではなく、むしろ呪力が期待されていたらしい。この伝説はそのことを暗に語っているようである。

農作と山

刈敷は実際の農作業のほかに田遊びの演目のひとつとして演じられることもある。田遊びは素鍬、あぜ塗り、代掻牛にはじまって、一年の農作過程を順を追って演じるもので、最後は祝詞、鳥追、歌おろしなどでしめくくるのが一般的である。演目としての刈敷は「刈敷入れ」「カッチキ」「カッシキ」「肥草入れ」「柴敷く」などさまざまな名称で呼ばれている。

たとえば一月三日に行われる静岡県周智郡森町小国神社の田遊びでは、「苗草寄せ」「苗草撒き」「苗草踏み」という演目があり、これがいわゆる刈敷入れにあたる。野本寛一氏の説明によれば、まず山へ柴刈りに行く役どころの者が肩に椎の葉をかついで登場する。ついで二人の男がその柴を受けとり、葉をもぎとってまき散らしながら「金《こがね》の小草に銀《しろがね》のにはとこ　野辺に開くは藤の葉　かいもとには徳草よりも福草世の中のよし草　餅しとつほつとり」と唱える。続いて、「早苗踏もうよ　早苗踏もうよ」と唱えながらまいた柴の上を踊りまわる（『稲作民俗文化論』、一九四頁）。山から刈り取ってきた柴の葉をまき散らしながら田に踏み込んでいく様子が生き生きと演じられる。

鹿児島県吉田町の花尾神社の二月祭りでも田遊びが行われる。刈敷の演目は「柴押し」といって、古風な刈敷を思わせる所作が演じられる。まず若者たちが神社の境内に出て田打をした田に近づくと、地上に柴を立てるようにして葉をもぎとり、田中にまき散らす。これは刈敷の肥草入れの所作である。そのうち柴持ちは二組が対になり、たがいに柴を持って押しあいをはじめ、大暴れを演じる。これを「柴押し」とか「山押し」というそうである（新井恒易『農と田遊びの研究』下、五六一～二頁）。

柴を持って押しあい、大暴れをするのは、刈敷を田に踏み込む作業を演じているのだろう。これをとくに「山押し」

と呼ぶのは注目すべきで、刈敷が山と深いかかわりがあることを示唆しているように思える。刈敷の材料となる柴は山から刈り取ってくることを考えれば、刈敷を踏み込む作業がなぜ「山押し」と呼ばれるのか、その理由もおのずから見当がつく。

母なる山といわれるように、山は万物をはぐくむエネルギーの源泉であり宝庫である。山のエネルギーは山の霊力といってもよく、山に自生する柴にも山の霊力が宿っている。刈敷を田に踏み込むのは、本来からいえば山の霊力を田に注入するという意味があったのだろう。さきほどの「柴押し」の演目では柴を持って押しあい、大暴れをするけれども、これは刈敷を田に踏み込む所作を演じると同時に、山の霊力を田に注入するという象徴的な意味合いも感じられる。これを「山押し」と呼ぶのは、山の霊力の象徴である柴を山に見立てているのではないだろうか。

いずれにしても田を活性化するのが刈敷の目的であり、それは山の霊力を田に注入するという方法で行われる。田のなかで若者たちが柴を持って押しあい、大暴れをするほど、その効果も大きいと考えられたにちがいない。

このように刈敷ひとつをとってみても、農作が山と深いかかわりのなかで行われていたことは注目に値する。

農作と山との関係からいえば、山形県東田川郡朝日村八久和に伝わる庭田植の行事もなかなか興味深いものがある。これも野本寛一氏が同じ著書のなかで紹介しているので、それにしたがうと、旧暦一月十五日の朝、庭の雪の上に朴《ほお》の枝を挿し立て、これを林と呼んでいる。林の前に広さ一坪の区画を二つ作り、一方は田、もう一方は畑と称し、田には藁を挿し、畑には豆ガラを挿した。野本氏の説明では、これは「山および山の神の前で模擬田植をすることを象徴的に示す事例」とされる（『稲作民俗文化論』、二八〜三三頁）。雪の上に挿し立てた朴の枝を林に見立てる。林は要するに山だが、山といっても里から遠くに望むような奥山ではなく、里に近い里山とか端山と呼ばれる山である。里山や端山は村人が燃料にするたきぎや刈敷用の柴を刈る日常的に利用する身近な山であり、そのために親しみをこめて「林」と呼ぶことがある。林は遠くに仰ぎ見るような畏怖すべき山ではなく、人々の暮しに密着した山をさしている。

雪の上に挿し立てた朴の枝が林で、この林はいまもいったように山をあらわしている。そして山の前には、これまたミニチュアのような一坪大の畑と田がつくられる。山を背景に田畑がひろがる風景をいわば盆景のように表現している。これは野本氏の指摘にもあったように、山の神の前で田植をする様子を象徴的にあらわしたものであり、稲作や畑作が山の神の庇護のもとに行われる一種の神事であったことを物語っている。

田の精霊を蘇生させる

田植の前には冬のあいだ休眠状態にあった田の精霊を覚醒させ、活性化させる作業がある。その作業の一環として行われたのが刈敷である。刈敷に用いられる柴は枯れ柴ではなく葉のついた青柴である。なかでも一年中枯れることのない常緑樹の柴は生命力が旺盛で、その青柴を田に踏み込むことで柴の呪力を田に感染させるのである。刈敷には常緑樹の柴のほかに若葉、若芽、若草なども多く用いられる。これらはとくに春の息吹を感じさせるもので、やはり強力な呪力があると信じられた。野本寛一氏によると、静岡県御殿場市や田方郡あたりでは、若芽や新芽を大足で田に踏み込む刈敷が古くから行われていたらしい。大足はいわゆる田下駄のことだが、厳密には一枚板のナンバ系田下駄とは異なり、板・木枠・竹枠・桟木などを組み合わせてつくられたものをいう。

静岡県大仁町浮橋では五月十五日をカチキバナイ（刈敷始め）といって、この日を山の口開けとし、ナラの若葉を刈敷用に刈り、これを大足で踏んだ。御殿場市の西沢、滝ヶ原の山の口開けは五月二十日で、ここではイタドリ、ススキの若草などを刈って干し草にして踏み込んだ。また秋田県平鹿郡山内村代沢では、苗代田のカチキと称して蕗・水芭蕉・ウドなどを刻んでから大足で踏み込んだ（『稲作民俗文化論』、一八九頁）。愛知県新城市では「人糞は汚れ

遠くに仰ぎ見る奥山と近くの里山。里山は村人が燃料にするたきぎや刈敷用の柴を刈る日常的に利用する身近な山である。

里山と手前に広がる田畑。よく見られる日本の農村風景である。

があるとして苗代田には芽づら肥を使った。これには、にわとこ（早く芽の出る潅木）の新芽をかき集めたものか、または、彼岸の前に地下山の野を焼き、その跡へ生えた若草を刈って苗代田に入れ、苗代田の肥料は慎重をきわめたものである」（『新城市誌』）という。

石菖。渓流の岸辺に群生する常緑の多年草。葉は細長く深緑色。

刈敷は苗代田に肥料として入れることから緑肥ともいわれる。緑肥には河岸などに自生する石菖《せきしょう》を刈ってきて、二、三日天日に干してから踏み込んだり（三河東部）、そのほか藤の若芽（京都府熊野郡・兵庫県出石郡）、楊《やなぎ》、雑木の若芽（鳥取県日野郡）、あざみ（高知県高岡郡）なども用いられた。春遅くまで残雪がある東北地方や信越地方は別として、苗草（刈敷）には萌え出たばかりの若草が利用された（木下忠「湿田と大足」）。

　このように雪国をのぞくと、刈敷には若葉、若草、新芽などもさかんに用いられたことがわかる。とくに若葉や若草などの「若」には特別な意味がこめられていたらしい。『字訓』によると、「若」を冠した語は若草、若薦《もこ》、若竹、若木、若海藻《みる》など、草木の類をいう場合が多いことから、若《わか》は「あらたに生え出たものをいう語」であったようだという。大地を押し上げるように芽ばえたばかりの若芽や若葉はとりわけ生命力が旺盛で、そこに古代人は強力な呪力を認めていたのである。

大地から萌え出たばかりの新芽やみずみずしい若葉を田に敷き込むことで、その呪力が田に感染し、長い冬ごもりで活力を失った田の精霊が蘇生し活性化すると信じられた。今風にいえば、さしずめ地力の回復である。前にも引用した『万葉集』の一首に、「春日野に　煙立つ見ゆ　をとめらし　春のうはぎ　摘みて煮らしも」（巻第十一一八七九）と歌われていたように、春に山に登り、若菜を摘んで煮て食べる風習が古くから行われていた。この風習は大地のなかから芽生えたばかりの若菜を摘み、煮て食べることで、その呪力を体内に取り込もうとする春山入りの儀礼の一環として行われたものであり、新芽や若葉を田に敷き込む刈敷の風習とは明らかに一脈通じるものがある。

若葉や新芽を煮て食べるのも、刈敷として田に敷き込むのも、呪力を感染させるという意味では動機は同じで、人間の生命力も田の生命力も同じ植物的生命の循環のなかに組み込まれていることを示している。春山入りの儀礼の根幹にあるのもまさにこれで、人間も草木も同じ生命原理に支配されていると考えられたのである。別の言い方をすれば、生命をつかさどるのは魂であり、魂が人間に宿るか草木に宿るかの違いにすぎない。

山の霊力を里に移植する

人間の生命も草木の生命も魂によって生かされているという意味ではなんらかわりがない。このことを具体的にあらわしているのが「人草《ひとくさ》」とか「青人草《あおひとくさ》」という言葉ではないかと思う。『和名抄』は人民のことを「比止久佐《ひとくさ》」とよませている。ヒトクサは人草で、たとえば前にも引用した『古事記』が語るイザナキの黄泉国訪問譚にはこの言葉がみえる。イザナキは亡き妻を連れもどそうと黄泉国を訪れるが、暗闇のなかで一つ火をともして見ると、妻の身体はすでに腐りかけている。イザナキは妻の醜い姿に恐れをなして逃げ出すと、黄泉国の醜女や雷神たちが追いかけてくる。黄泉比良坂の麓まで逃げてきたところで、そこに生えていた桃の実を投げつけると、みな退散した。追手を追い払った桃の実にむかってイザナキはいう。「汝、吾を助けしが如く、葦原中国に有らゆるうつしき青人草の、苦しき瀬に落ちて患《うれ》へ惚《なや》む時に助くべし」と。おまえが私を助けたように、葦原中国に住むすべての人々が苦しい目にあって悩んでいるときは助けてあげなさいという。ここで人間のことを「青人草」といっているのが注目される。

また、このすぐあとにはイザナキとイザナミが夫婦別離の宣言をするくだりがあって、イザナミは「汝の国の人草、一日に千頭《ちがしらくび》絞り殺さむ」と夫のイザナキにむかっていう。ここでいう「人草」も青人草と同様に人間を草にたとえた言葉である。あるいは逆に草を擬人化した言葉ともいえる。

しかし擬人化、比喩というだけではいささか物足りないような気がする。「人草」「青人草」という言葉にはもっと深い意味があって、人間も植物も同じ自然から生まれた生命体であることが示唆されているのではないかと思う。『古事記』の冒頭で語られる天地開闢神話をみれば、そのことがいっそうはっきりするはずである。

次に国稚《わか》く浮ける脂の如くして、海月《くらげ》なす漂へる時、葦牙《あしかび》の如く萌え騰《あが》る物によりて成りし神の名は、宇摩志阿《うましあ》斯訶備比古遅神《しかびひこぢのかみ》、……

次に国土がまだ若く、水に浮かんでいる脂のようで、水母《くらげ》のように漂っているとき、葦の芽が萌え出るようにして化生した神の名はウマシアシカビヒコヂノカミとある。

葦は日本の国土がかたちを整える以前から自生していた原初の植物で、それを擬人化したのがウマシアシカビヒコヂノカミである。ありていにいえば、地上における最初の生命は植物から誕生した。人間も植物も同じ生命体であり、同じ生命原理に支配されているという考えは、天地開闢神話のなかにすでに胚胎していたのである。「人草」とか「青人草」という植物を擬人化した言葉が生まれる素地がここにある。

このようにみてくると、春山入りの儀礼にひめられた深い意味もおのずから明らかになる。天地開闢神話以来の生命観は春山入りにも連綿と受け継がれていて、春に山に登り見渡すかぎりの花や青葉を見るのはほかでもない。人間も植物も同じ生命原理の循環のなかで生かされていることを、あらためて実感するためであったといえる。春山入りでは花や青葉を見るだけでなく、大地のなかから芽生えたばかりの若菜を摘んで煮て食べることも行われた。これは植物を直接体内に取り込むことで、人間と植物の一体感を身をもって体験することであり、地上における最初の生命が原初の植物から誕生したという神話的な原感覚をとりもどすことでもあったのだろう。

動物的感覚が退化した現代人にはなかなか理解しがたいことかもしれないが、春になると新芽や若葉が萌え出るように、人間もまた春の息吹を直接肌で触れたいという衝動にかられたのではないだろうか。それは春の到来とともに、身体の内部から湧きあがる自然な情動であった。人々は何かにつき動かされるように、こぞって付近の山に登り、見渡すかぎりの花や青葉を目の前にして、からだいっぱいに春の息吹を吸い込んだのだろう。それがやがて恒例化して、いわゆる春山入りの儀礼に発展したものと考えられる。

春山入りでは花を摘んだり、柴を刈ったりして、それらを山から持ち帰る。山はものを産み出す原初の母体であり、つまりは母性原理そのものにほかならない。花や柴はその具体的なイメージのあらわれであり、それらを山から持ち帰るのは、母なる山の霊力を里に移植するという意味があったのである。

これと同じことは刈敷にもいえそうである。刈敷は青葉のついた柴をはじめ、新芽や若葉を山から刈り取ってきて田に敷き込むわけだが、これも本来は山の霊力を田に感染させるという意味があったのである。田は山によって生かされているという構図がここでも明らかになる。

『播磨国風土記』讃容郡《さよ》のくだりには、妹玉津日女命《いもたまつひめのみこと》が鹿を生け捕りにして腹を割き、その血に浸して稲をまいたところ、一夜のうちに苗が生えたので、これを取って植えさせたとある。また賀毛郡雲潤《うるみ》の里にも、この地に鎮座する太水《おほみづ》の神が、「私は猪の血で田を耕すので、河の水は欲しくない」と述べていることから、鹿や猪の血で苗を生育させる農法がかつて行われていたことをうかがわせる。鹿や猪など山に生息する獣は母なる山から生まれ、山の神の領分に属している。その意味では、山に自生する柴と共通する面がある。人間を含む動物の体内を流れる血《ち》はカグツチ、イカツチ、ミツチなどの「チ」と同じ古い霊格をあらわす語で、マナに近い言葉である。血がチと呼ばれるのは、マナすなわち呪力を内蔵しているからにほかならない。血は人間や動物の生命を維持するのに不可欠なものであり、身体が傷つき、血が流れれば生命の危険にさらされる。血のほかに乳、鉤、茅なども同じく「チ」と呼ばれる。なかでも乳《ち》は血とも深い関係にあって、赤子は乳を飲んで成長する。乳もまた生命に直接かかわるものであり、呪力を帯びていることからチと呼ばれるのである。乳と血はいずれも液体であって、乳《ち》はいわば白い血《ち》であり、赤い液体（＝血）と白い液体（＝乳）のあいだには深いいわれがある。

血と乳が神話的に密接な関係にあることは中国の少数民族に伝わる焼畑作物起源神話にもみることができる。たとえば広東省北部のヤオ族が語り伝えるところによれば、昔は稲の花が咲いても実はならなかった。そこでひとりの高貴な若い女性が、彼女の処女の乳をしぼって稲の花にふりかけると、見事な稲穂が実った。彼女はすべての稲に実をならせようとし、無理に乳をしぼったために、しまいには乳のかわりに血が流れ出た。この血をかけられた稲は赤い実を結ぶ赤米になったという（大林太良『稲作の神話』、六二頁）。

これは赤米の起源を語った神話である。このヤオ族の伝承とよく似た稲の起源神話は漢民族のあいだにもひろがっていて、広東省中北部の翁源の例では、白い稲の実は女性の乳から出たものであり、赤っぽい実は彼女の乳汁と血の混合からできたものだと伝えられている（同前、六三頁）。乳と血に呪力があることは、これらの神話によっても明らかである。とくに乳汁がなくなるまでしぼったあとに血が流れ出るという伝承が示唆するように、乳と血は同じ呪力のある体液として、神話的にはほとんど同質のものと考えられていたふしがある。これは日本や中国にかぎらずヨーロッパの民俗でも事情は同じであったらしい。山口昌男氏は、フランス革命で断首された死体からほとばしる血をハンカチーフにひたして護符にしようとした女性たちの心情には、時間の制約を越えて、ジル・ド・レの祭壇に母乳の豊饒性を求めた十五世紀の女性的な心情が、神話的な共時空間を介して反映されていると述べている(『歴史・祝祭・神話』、七七頁)。

話を日本にもどすと、『播磨国風土記』の説話にあったように、鹿の血で苗を生育させるのは、血の呪力によって成長が促進されると信じられたからで、柴を田に敷き込んで田を活性化させる刈敷とはどうやら同じ発想にもとづいている。柴も鹿の血もいずれも母なる山のめぐみであり、呪力があることから、その呪力によって田を活性化させたり、苗をすみやかに成長させることができると考えられたのだろう。

谷川健一氏によると、長崎県の五島地方では四月八日の灌仏のころに降る雨を「鹿の血流し」というそうである(『神・人間・動物』、一二三頁)。旧暦の四月(卯月)八日は春山入りの儀礼が行われた日であり、また卯月は農作に着手する月でもあった。したがって『播磨国風土記』の記述にもあったように、「鹿の血流し」が鹿の血を田にまいて苗を生育させる儀礼にかかわっていることは容易に推測できる。これを灌仏のころに降る雨というのは、のちに仏教で四月八日の釈迦の誕生日に灌仏会が行われたことから、そのように説明されるようになったのだろう。しかもとは春山入りの行事の一環として行われた農耕儀礼に関係があって、谷川氏も、「鹿の血をまいて肥料にし、また籾種に鹿の血をまぜて豊作の呪術とした古代農耕への思い出がこめられているようにおもう」と述べている。正鵠を射た説といえるだろう。

さきほどもいったように、山に生息する動物は母なる山から生まれ、山の神の領分に属している。鹿や猪の血に呪力があるのも、ひとえに山の神の血筋を受け継いでいるからだといえよう。同じことは山に自生する樹木についてもいえることで、樹木はそのエネルギーを母なる山から吸収し、緑したたる葉を繁らせる。その枝や柴を刈り取って田に敷き込むのが刈敷である。刈敷には山のエネルギー（＝霊力）を大地に注入することで、大地を再生させるという象徴的な意味があったと考えられる。坪井洋文氏も、刈敷は「山という大地母が潜在させている生命的活力源を水田に取りいれ霊的に活性化させるためにおこなう、農耕上の信仰儀礼」（「日本人の再生観」）ではないかと述べている。

刈敷はもともと田を活性化させるために行う一種の呪術であった。刈敷の起源を考えてみると、おそらく柴の呪力を田に感染させる呪術的な儀礼として行われたのが最初であろう。刈敷は春山入りの儀礼に起源があって、刈り取った柴を山から持ち帰り、それを田に挿して豊穣を祈願する儀礼から発展したものと私はみている。そして時代がくだると、柴を挿すだけではなく、田に敷き込むことで実際の肥料効果を期待するようになったのだろう。そこに呪術から経験科学的な農作業への変化をみることができるように思う。

前にもいったように、本田《みた》で刈敷が行われるようになるのは中世以降のことで、それ以前の刈敷は苗代田にかぎられていたらしい。その旧習は神に供える米をつくる神田《かみた》などでいまもみられる。神田では一般に下肥などを用いず、もっぱら緑肥による刈敷の伝統が守られている。下肥の使用を避けるのはたんに清浄を尊ぶとか、ケガレを忌むというだけでなく、その根底にあるのはやはり刈敷の呪術的な信仰であろう。みずみずしい青柴には田を活性化し、またケガレを祓う呪力があることから、神田には緑肥による刈敷がふさわしいと考えられたにちがいない。刈敷を田に敷き込むことで、その呪力が田に感染し、田をケガレから守ってくれる。神田という神聖な田には、山から迎えた呪力のある柴草を刈敷として敷き込むことが当然のように信じられていたのである。ここでも実際的な肥料効果よりも呪術的な信仰としての刈敷の実態が浮かび上がってくるようである。

エブリと鎮魂

ところで、苗代にまいた稲籾が稲苗に成長するころ、本田では田に水を張り代掻きをして田植にそなえる。そして田植の直前には田の表面をたいらにならす作業が行われる。このとき使われるのがエブリと呼ばれる農具である。エブリは鍬に似て、長さ一メートルほどの柄に幅広の板を打ちつけたもので、これで田を掻きならしながら均等にならし苗を植えやすくする。エブリは『和名抄』に「江布利」とあり、少なくとも平安時代中期以前は「エフリ」と清音で発音されたことがわかる。エブリの動詞形エブルには「動揺させる。揺すぶる。揺り動かす」(『日本方言大辞典』)という意味があり、農具のエブリもこの語と関係があって、『綜合日本民俗語彙』はエブリのもとの意味を「田の泥をゆり動かすこと」だとしている。田の泥には精霊が宿っているから、エブリで田を掻きならすのは、田の精霊を揺り動かして活性化させるという意味があったらしい。古い時代の刈敷は苗代田の精霊を覚醒させ、活性化させる目的で行われたが、本田で行われるエブリを使った代掻きにも同じような意味があったのである。

青森県八戸市周辺にはエンブリと呼ばれる田植踊りが伝わっている。エンブリはエブリのなまりで、農具のエブリをかたどった鳴輪を鳴らし、笛・鼓・手摺り鉦の囃子に合わせて踊りながら家々をねり歩くことからそう呼ばれる。この田植踊りは新年の予祝行事である田遊びが舞踏化し風流化したもので、笛・鼓・鉦という本物の楽

エブリ（『和漢三才図絵』巻三十五より）。

器にくわえて、農具のエブリを楽器に見立てるのは興味深い。
エブリは田楽でも楽器として登場する。『今昔物語』巻第二十八の「近江国矢馳郡《やはせのぐんじ》司堂供養田楽語第七」に、「杁《えぶり》ヲ捧テ頭ノ上ニ招キ」とあり、田楽衆が楽器に見立てたエブリを頭上で振っている様子が描かれている。田楽も田植踊りと同じように鼓を打ち、笛を吹き、鉦や高拍子を叩きながら騒々しく踊り狂う。鼓・笛・鉦などはいずれも田囃子の楽器であり、ここに楽器に見立てたエブリが出てくるのも偶然ではない。田囃子は田の精霊を覚醒させ活性化させる目的で行われるが、エブリで田を掻きならすのもこれとまったく同じである。エブリは田を揺すって冬のあいだ休眠状態にあった田の精霊を目覚めさせ、そして田に鎮めるための道具であり、それゆえ楽器に見立て、鼓や笛や鉦とともに田囃子の道具にされるのだろう。エブリで田を掻きならしながら田の精霊を揺り動かし覚醒させ、そして田に鎮める。エブリはたんなる農具にとどまらず、鎮魂のための呪具でもあったのである。

田楽や田植踊りは田にひそむ精霊を覚醒させ、また鎮めるために行われる。農具のエブリをわざわざ田囃子の楽器に見立てるのも、エブリそのものが鎮魂の呪具であったことを示している。

そして田囃子に合わせて踊る舞踏にも同じような鎮魂のはたらきがあったようで、とくに反閇《へんばい》という独特の足踏みにそのことがいえそうである。真壁仁氏は山形県東田川郡櫛引町大字黒川の鎮守春日神社に伝わる黒川能にふれて、「足を踏み込む反閇の所作は、大地にひそむ地霊をよびさますという気持のこめられたもので、農をいとなむ村びとの心に、いまもひそかな感動をよぶものである」(『黒川能』、四二頁)と述べている。そしてさらに、「田植え踊りなどのような芸能には、眠っている大地の魂を呼びさまし、土にこもる精気によって作物のいのちを育てたいというねがいをこめて、力足を踏む所作が舞踏化されているのを見ることができる」(同前、一〇八頁)ともいう。これはまことに示唆に富む一文で、田植踊りや田楽などの舞踏の所作には、もともと田の精霊や地霊をよびさますはたらきがあったのである。

田の精霊や地霊をよびさますという点では、農耕儀礼として行われる刈敷もまた同様である。刈敷を田に踏み込むには大足も古くから行われていた。大足は前にも述べたように、板や木枠を組み合わせてつくられた一種の田下駄であり、この大足に対して素足で踏み込むのを「子足」という。とくに子足の場合は呪術的な意味合いが強く感じられる。素足で大地に直接触れるのは、田にひそむ精霊と交渉することであり、子足で刈敷を踏み込む作業はそのことを具体的にあらわしている。そして刈敷を踏み込む足の動きが一定のリズムや律動をもつようになると、足の動きも自然に舞踏的になり、それが反閇という舞踏の形式につながる。子足で刈敷を踏み込む作業はまさに反閇の所作をほうふつさせるもので、田遊びや田楽などの舞踏にみられる反閇は、刈敷を田に踏み込む作業の舞踏化ではないかとも思える。少なくとも田遊びや田楽などの舞踏にかぎっていえば、そういえるのではないだろうか。

真壁氏の指摘にもあったように、反閇は大地にひそむ精霊や地霊をよびさますことが本義であったと考えられる。刈敷もまた柴を田に敷き込むことで柴の呪力を田に注入し、田を活性化させるのが本来の目的であった。

カギ（鉤）の呪力

話が前後するようだが、刈敷や代掻きをする前に準備作業として田打ちが行われる。田打ちとは田の土を掘り返す作業のことで、このとき用いられる道具が鍬である。鍬にもかつては田の精霊をよびさます呪的な道具としての一面があったらしい。今日使われている鍬は鉄製の台に木の柄を接合したものだが、古くはヒタエ（直柄）といって、適当な角度に枝の出た自然の木を切ってつくられた。これがいわゆる木鍬で、カギになった天然の生木を利用したものである。木鍬がカギになった自然の枝からつくられたのは、柳田国男が『こども風土記』のなかで述べているように、昔の人が「木の枝の強い力」を認めていたからで、鍬のほか炉の上につるす鉤など、天然のものを用いようとすれば、木の枝より以上に丈夫なものはなかった（『定本柳田國男集』第二十一巻、一六頁）。とくに鍬のように土を掘り返すためには強い力が必要で、それには木の枝のカギになったものを利用するにしくはなかった。

昔の人が木の枝の鉤の部分に特別な関心をいだいていたことは、鉤が「チ」と呼ばれることによくあらわれている。チは前にもいったように、血《ち》や乳《ち》など呪力を内蔵したものをいい、鉤の強い力も一種の呪力と考えられたことから「チ」と呼ばれるのである。すると天然の枝を利用した木鍬は農具である以前に「チ」という呪力を内蔵した呪具でもあったのだろう。

いまも鍬始めや鍬立ての行事では木鍬がよく用いられるが、これもたんに古式にのっとるというだけでなく、呪具としての木鍬が強調されているとみるべきであろう。たとえば南九州の打植祭りでは、神社の境内を田に見立て、木鍬で田打ちをする行事がいとなまれる。この行事については小野重朗氏が『増補農耕儀礼の研究』のなかで紹介している。小野氏の説明では、田打ち用の鍬はむろんクワともいうが、むしろカギと呼ぶ例が多く、なかにはカギのついてない丸太棒を用いたり、カギの頭に榊柴をつけたものもあり、鉄製の普通の鍬を用いる例はひとつもないという（二〇三～四頁）。

これらの行事からうかがえるように、かつて田打ちで用いられる鍬は木鍬が主流であった。これをカギと呼ぶ例が多いのは、いうまでもなくカギになった自然の生木を利用したためである。ここでとくに注意したいのは、カギのない丸太棒やカギの頭に榊柴をつけた木鍬があることで、これについて小野氏は、「鍬といっても、鍬以前の何か、鍬ではない何かがここに見られるようである」（同前、二〇四頁）と述べている。

カギのない丸太棒、カギの頭に榊柴をつけた鍬をどうみたらいいだろうか。まずカギの頭に榊柴をつけた鍬からいうと、私にいわせれば、これは原始的な鍬であって、鍬が自然の柴木からつくられたことを示唆しているのではないかと思う。カギの頭についた榊柴はその残片であり、また柴には呪力があるから、その呪力の象徴とも考えられる。

いずれにしても原始的な鍬はカギになった自然の柴木からつくられたようで、とくにカギの部分に強力な呪力があることはいうまでもない。

一方、カギのない丸太棒についてはどう考えたらいいだろうか。鍬は台と柄の部分からなるとすれば、これは厳密には鍬とはいえないかもしれない。しかも丸太棒は田を打ち返す、掘り起こすというよりも、むしろ突くのに適している。機能的にみても鍬というにはためらいがある。まだ鍬になりきらない鍬の原形とでもいえようか。

打植祭りではさらに棒踊りという興味深い踊りがともなうのも特徴である。これは部落の青年組が二列になり一本の棒を持って向き合い、棒で地面を突いたり、たがいに打ち合わせたり、またクルクルと回転させたりするテンポの早い踊りである。とくに古い形式の棒踊りでは、長さ六尺（一・八メートル）ほどの丸棒で地面を突いたり、叩いたりする所作が中心になる。棒踊りは打植祭りよりも歴史が古いようで、小野氏によれば、棒踊りの棒は「神の祝福の棒であり、この棒で地をつけば、土地が開かれ、豊作が約束されるといった不思議な霊力をもった棒」ではないかという（同前、二一四頁）。これは田を打ち返して、冬のあいだ眠っていた田の精霊を覚醒させる原始的な鍬と同じはたらきをもつもので、小野氏も、「打植祭の木製の鍬が棒踊りの棒に相当する」と述べている。カギがつく以前の原始的な鍬は「掘り棒のような農耕具」であったことが推測できるのである。最古の鍬は掘り棒のような道具であり、田を突いて田の精霊にはたらきかける呪具であったと考えられる。

田を突く道具

田を突くといえば、前章でふれた卯月の語源にもなった「卯の棒」が思い出される。卯の棒は一種の呪具であり、これで田を突いて田の精霊を覚醒させ、活性化させるのである。鍬の原形が丸太棒や掘り棒であったとすると、それは卯の棒ともほとんど区別がつかないほどよく似ていたのではないだろうか。要するに鍬も卯の棒も起源は同じで、いわば卯の棒から分化してできたのが鍬であったともいえる。

さらに想像をふくらませれば、鍬の原形である卯の棒や掘り棒は春に山から伐り出してきた柴木からつくられたのだろう。山から伐り出したばかりの生木は春の息吹や山の霊気をたっぷり含んでいて、とりわけ強力な呪力を帯びている。その生木の枝葉を切り払ってつくられたのが卯の棒であり掘り棒であった。それは山の霊力の象徴でもあり、卯の棒や掘り棒で田を突くのは、山の霊力を田に感染させるという意味があったのだろう。長い冬ごもりで仮死状態にあった田の精霊が山の霊力によって蘇生し、活力をとりもどすことができる。

卯の棒や掘り棒は鍬の原形であり、鍬はまずなによりも田の精霊の死と再生にかかわる呪具としてはじまったと考えられる。卯の棒や掘り棒で田を突くのは、山の霊力を田に感染させるためであった。つまりこれは春山入りの儀礼の一環として行われたことがわかるのである。春山入りでは山から持ち帰った柴を田に挿して豊穣を祈願したが、それと同時に卯の棒や掘り棒で田を突いて、実際に田の精霊にはたらきかけたのだろう。あるいは田に挿した柴がのちに卯の棒や掘り棒に発展したのかもしれない。なにぶんそのあたりは想像の域を出ないが、ともかく卯の棒や掘り棒で田を突いて田の精霊を活性化させる儀礼が春山入りに起源があることは間違いなさそうである。

そして時代がくだると、田を突くのではなく掘り返すようになり、それに見合った道具が考案された。それがカギのついた木鍬である。最初の木鍬は、前にもいったように自然の生木の枝葉を切り落としてつくられたはずで、その実例はいまでも見ることができる。鹿児島県串木野市羽島崎の羽島神社では、旧暦二月四日に「太郎太郎祭り」と呼ばれる打植祭りが行われる。田所に椎の大枝を引き出し、枝を切り落として鉤型の鍬をつくり、この鉤鍬で田打ちの所作を行う（野本寛一『稲作民俗文化論』、一九二一〜六頁）。同じ県内の川内市高江南方神社の太郎太郎祭りでも、やはり柴木の枝を切り落としてつくられた鉤鍬で田起しの所作が演じられる。これらの鉤鍬は柄も台も比較的細く、古い鉤鍬の伝統を今日に伝えるものではないかと思われる。

原始的な鍬は田を突くための道具であり、それは農具というよりも呪具といったほうがいい。鍬で田を突くのは、冬のあいだ眠っていた田の精霊を覚醒させるためであり、もとは春山入りの儀礼の一環として行われたと考えられる。春に山に登り、みずみずしい青葉をつけた柴木を刈り取り、山から持ち帰る。柴はそのまま田に挿して農作物の豊穣を祈願した。そのうち柴木の枝葉を切り落として、卯の棒や掘り棒がつくられ、さらにはカギになった枝の部分を利用して原始的な木鍬もつくられるようになったのだろう。

このことを示唆する伝承が茨城県北相馬郡川原代村《かはらしろ》に残されている。この村には一鍬松と呼ばれる松があり、正月十一日の田耕始めに、山から迎えた松の枝を地に挿したのが根づき成長したものだといわれている（石上堅『木の伝説』、八一頁）。すでに述べたように、田耕（田打）始めはもとは春山入りの行事の一環として行われたのが最初で、のちに小正月に移行した。興味深いのは、地に挿した松の枝を一鍬松ということで、これは鍬の起源が山から持ち帰った枝を地に挿して祈願する春山入りの予祝儀礼にあることを示唆しているように思える。

また『播磨国風土記』讃容郡《さよ》には、柄川《くはえがは》の名の由来を述べたくだりがあって、それによると、神日子命《かむひこのみこと》の鍬の柄をこの山に採らせた。だからその山の川の名を鍬柄川《くはえ》と呼ぶとある。特定の山から鍬の柄を採取した点が重視されているのは注目すべきで、鍬には特定の山の霊力がこもっているという意味にもとれる。

山は大地のもと

春山入りで山から持ち帰る柴木は山の霊力を象徴しているが、それは山という大地母が発散するエネルギーそのものといってもいい。母なる山、母なる大地という言葉があるように、山も大地も基本的には同じで、いずれも母性的

室根山（岩手県一関市室根町）。古い信仰の山で、中腹には養老二年（718）創立と伝える室根神社本宮がある。

なものを代表している。中西進氏は「山は大地のもと」といったが（『ユートピア幻想』、四五頁）、山と大地の関係については、たとえばこんなふうに考えてみてはどうだろうか。山は大地のエネルギーが噴出したもので、そこには大地の女性原理、母性原理が突出している。山が神聖視されるのも、古人がそこに大地のエネルギーの噴出を見たからではないのか。目の前にそびえる山を見て、その大きさにだれもが圧倒される。そこには大地の巨大なエネルギーのようなものが感じられるし、そのエネルギーは山のかぎりない生命力や産出力の源であり、そこから豊かな山のめぐみがもたらされる。建築用や農耕用の資材、燃料用の柴、薪、牛馬の飼料、刈敷用の柴、緑肥、食料としては木の実、山菜、野鳥、鹿や猪などの獣にいたるまで、山は惜しみなく人間にめぐみをあたえてくれる。『和漢三才図会』（巻五十六）が、山について「山とは産である。よく万物を産む」と説明しているのもうなずける。やはり山は万物を産み出す宝庫と考えられていたのである。

その一方で人間はみずからも大地を耕して農作物を手に入れるようになった。農作物は大地のめぐみのたまものであり、それは大地の豊穣力によって生まれる。しかし農作物の成長に必須の水が山からもたらされることを考えれば、大地の豊穣力といえども、つまるところ山に依存していることがわかる。大地の豊穣力の源泉はかぎりない生命力や産出力の母体である山そのものにあることが明らかになる。まさに「山は大地のもと」である。ある意味では、農作業の開始に先立って行われる春山入りの行事は、このことを確認する作業であったともいえる。

春山入りでは山に登り、見渡すかぎりの青葉や花を見るだけでなく、花を摘み、柴を刈り、それらを山から持ち帰り田畑に挿して豊作を祈願する。春山入りは山の霊力の象徴である花や柴を里に持ち帰ることに意義があったのである。そして花や柴を神に捧げて福徳をさずかるという竜宮童子の昔話には、こうした春山入りの予祝儀礼が反映されているとみることができる。とはいえ、竜宮童子の昔話を春山入の予祝儀礼の説話的表現とみるのも一面的にすぎるように思う。すでにみたように、物語に登場する柴刈りの爺さんには、古代焼畑農民やその末裔である山人のイメージも投影されている。

また柴についていえば、春山入りのほかに山の神祭りや山の神講との関連にも注意しなければならない。山の神祭りや山の神講では、山の神の神前で柴や薪を積み上げて火を焚くことが行われた。この儀礼のルーツはおそらく柴祭りや焼畑農業の火入れにあって、竜宮童子の昔話で柴刈りの爺さんが山の神（水神）に柴を捧げる話には、このような儀礼も少なからず反映されているように思う。

いずれにしても竜宮童子の昔話は正月の神祭り、水神信仰、春山入り、それに焼畑農民のあいだで行われていた柴祭りなどの要素が複雑にからみあいながら複合的につくられたものとみるのが妥当であろう。日本文化における柴や柴刈りの意味の大きさがあらためて実感されるのである。

参考文献

序章　竜宮童子の昔話

佐々木喜善『江刺郡昔話』郷土研究社、一九二二
日本昔話記録1『岩手県紫波郡昔話集』三省堂、一九七三
内藤正敏「東北カマ神信仰の源流（上）」（『季刊現代宗教』五号）
柳田国男編『歳時習俗語彙』国書刊行会、一九七五
関敬吾『昔話の歴史』（『関敬吾著作集』2、同朋社出版、一九八二）
藤原俊『田の神・稲の神・年神』岩田書院、一九九六
柳田国男監修『日本伝説名彙』日本放送出版協会、一九五〇
和歌森太郎『花と日本人』草月出版、一九七五
『日本年中行事辞典』角川書店、一九七七
『日本方言大辞典』小学館、一九八九
『増補下学集』文化書房博文社
『現代日本語方言大辞典』第三巻、三省堂、一九九二
白川静『字訓』平凡社、一九八三
土橋寛『古代歌謡と儀礼の研究』岩波書店、一九六五
倉田悟『樹の花』山と渓谷社、一九六五
『日本昔話通観』第二〇巻、同朋社出版、一九七九

第一章　柴の呪力

澤潟久孝『萬葉集注釈』巻第二〇、中央公論社、一九六八
藤原俊『田の神・稲の神・年神』、前出
折口信夫「壱岐民間伝承探訪記」（『折口信夫全集』第十五巻、中央公論社、一九七六）
多田伝三「阿波の山の神」（『伊勢民俗』第三巻一・二号合併号）
『日本民俗大辞典』上、吉川弘文館、二〇〇〇
小野重朗『南九州の民俗文化』法政大学出版局、一九九〇
『綜合日本民俗語彙』第二巻、平凡社、一九五五
白川静『字統』平凡社、一九八四
五来重『続仏教と民俗』角川書店、一九七九
折口信夫「餓鬼阿彌蘇生譚」（『折口信夫全集』第二巻、中央公論社、一九七五）
白川静『中国古代の民俗』（『白川静著作集』7、平凡社、二〇〇〇）
伊藤博『萬葉のいのち』、塙新書、一九八三
柳田国男『日本の祭』（『定本柳田國男集』第十巻、筑摩書房、一九六二）
小野重朗『増補農耕儀礼の研究』第一書房、一九六六
永松敦『狩猟民俗と修験道』白水社、一九九三
勝俣鎮夫『一揆』岩波新書、一九八二
永松敦「薩摩・大隅地方の柴の宗教性」（『宗教民俗研究』第三号）
高取正男「生け垣・柴垣・卯の花垣」（『高取正男著作集』4、法蔵館、一九八二）

第二章　水と木の連合

柳田国男『日本の祭』、前出
辰巳和弘『風土記の考古学』白水社、一九九九
本田安次『神楽』木耳社、一九六六
西郷信綱『日本の古代語を探る』集英社新書、二〇〇五
ガストン・バシュラール『大地と休息の夢想』思潮社、一九七〇
岩田慶治『草木虫魚の人類学』講談社学術文庫、一九九一
西郷信綱『古代人と死』平凡社、一九九九
松村武雄「生杖と占杖」（『民俗学論考』大岡山書店、一九三〇）
柳田国男『桃太郎の誕生』（『定本柳田國男集』第八巻、筑摩書房、一九六二）
柳田国男監修『日本伝説名彙』、前出
柳田国男『神樹篇』（『定本柳田國男集』第十一巻、筑摩書房、一九六三）
『日本伝説体系』第五巻、みずうみ書房、一九八六
西郷信綱『古事記注釈』第二巻、平凡社、一九七六
新潮日本古典集成『古事記』新潮社、一九七九
溝口睦子「ヤクシーと木俣神」（『十文字国文』創刊号）
次田真幸『古事記』上、講談社学術文庫、一九七九
ユング『変容の象徴』筑摩書房、一九八五

エリアーデ『大地・農耕・女性』未来社、一九六八

第三章　柴の変容

小野重朗『増補農耕儀礼の研究』、前出
井本英一『穢れと聖性』法政大学出版局、二〇〇二
松前健『古代信仰と神話文学』弘文堂、一九八八
古東哲明『他界からのまなざし』講談社、二〇〇五
牧田茂『生活の古典』角川書店、一九六九
折口信夫「花の話」（『折口信夫全集』第二巻、中央公論社、一九七五）
柳田国男「杖の成長した話」（『定本柳田國男集』第十一巻、筑摩書房、一九六三）
土橋寛『古代歌謡と儀礼の研究』、前出
折口信夫「翁の発生」（『折口信夫全集』第二巻、中央公論社、一九七五）
矢野憲一『杖』法政大学出版局、一九九八

第四章　山人と柴刈り

石塚尊俊「山の神出現の神楽」（山陰民俗叢書9『神楽と風流』島根日日新聞、一九九六）
伊藤清司『昔話伝説の源流』第一書房、一九九一
清田圭一『幻想説話学』平河出版社、一九九一
石上堅『日本民俗語大辞典』桜楓社、一九八三

折口信夫「続万葉集講義」(『折口信夫全集』第九巻、中央公論社、一九七六)
野本寛一『稲作民俗文化論』雄山閣、一九九三
勝浦令子「『洗濯と女』ノート」(『月刊百科』二六一号)
岩崎敏夫「山に火を焚く風習」(『日本民俗学会報』二一号)
堀田吉雄『山の神信仰の研究』光書房、一九八〇
『綜合日本民俗語彙』第四巻、平凡社、一九五六
佐々木高明『稲作以前』日本放送出版協会、一九七一
小野重朗『増補農耕儀礼の研究』、前出
野本寛一「焼畑文化の形成」(日本の古代10『山人の生業』中央公論社、一九八七)
千葉徳爾『狩猟伝承』法政大学出版局、一九七五
宮本常一『山に生きる人々』未来社、一九六四
野本寛一『焼畑民俗文化論』雄山閣、一九八四

第五章　山人と祭祀

柳田国男『山の人生』(『定本柳田國男集』第四巻、筑摩書房、一九六三)
折口信夫「国文学の発生」(『折口信夫全集』第一巻、中央公論社、一九七五)
今福龍太『感覚の天使たちへ』平凡社、一九九〇
朱家駿『神霊の音ずれ』思文閣出版、二〇〇一
『白川静著作集』別巻・説文新義3、平凡社、二〇〇二

本山桂川『日本の祭礼』八弘社、一九四二
西口順子「火・煙・灰」(『民衆の生活の日本史・火』思文閣出版、一九九六)
野本寛一「焼畑文化の形成」、前出
堀田吉雄『山の神信仰の研究』、前出
三隅治雄『踊りの宇宙』吉川弘文館、二〇〇二
山田宗睦『花古事記』八坂書房、一九八九
柳田国男『桃太郎の誕生』、前出

第六章　山の神から水の神へ

『みちのくの民話』未来社、一九五六
金井典美『湿原祭祀』法政大学出版局、一九七七
福田圭一「足柄雑信―河勾川流域の民俗」(『伊勢民俗』第三巻一・二号合併号)
堀田吉雄『山の神信仰の研究』、前出
箱山貴太郎「田の神の祭場」(『日本民俗学会報』四二号)
小野重朗『南九州の民俗文化』、前出
『早川孝太郎全集』1、未来社、一九七一
堀一郎『我が国民間信仰史の研究』2、東京創元社、一九五三
五来重『修験道入門』角川書店、一九八〇
五来重『山の宗教』淡交社、一九七〇

野本寛一『稲作民俗文化論』、前出
宮家準『修験道思想の研究』春秋社、一九八五
土橋寛『古代歌謡と儀礼の研究』、前出
佐々木喜善『江刺郡昔話』、前出
佐々木喜善『紫波郡昔話』郷土研究社、一九二六
内藤正敏「東北カマ神信仰の源流（上）」、前出

第七章　花の呪力

関敬吾『日本昔話大成』第六巻、角川書店、一九七八
桜井満『万葉の花』雄山閣、一九八四
福島千賀子「非時の桜」（『古典と民俗学論集』おうふう、一九九七）
野本寛一『稲作民俗文化論』、前出
宮田登「花の民俗」（シリーズ自然と人間の文化史「花の日本史」、『別冊歴史読本』特別号、通巻九六）
栗田勇『花を旅する』岩波新書、二〇〇一
関敬吾『日本昔話大成』第四巻、角川書店、一九七八
五来重『宗教歳時記』角川書店、一九八二
エリアーデ『大地・農耕・女性』、前出
日本古典文学全集『古事記・上代歌謡』小学館、一九七三

第八章　昔話と予祝儀礼

佐々木喜善『紫波郡昔話』、前出
渡辺昭五『歌垣の民俗学的研究』白帝社、一九六七
土橋寛『古代歌謡と儀礼の研究』、前出
柳田国男編『歳時習俗語彙』、前出
土井久義「風土記と民俗学」（日本古代文化の探究『風土記』社会思想社、一九七五）
益田勝実「古代人の心情」（『講座・日本思想』1、東京大学出版会、一九八三）
阪下圭八『初期万葉』平凡社、一九七八
宮本常一編『日本祭礼風土記』第二巻、慶友社、一九六二
国分直一「森の信仰」（『日本民俗文化資料集成』第二十一巻、三一書房、一九九五）
井口樹生『風の木・水の花』三友社、一九七三
小野重朗「指宿神社の母胎モイドンをめぐって」（『日本民俗文化資料集成』第二十一巻、三一書房、一九九五）
柳田国男『神樹篇』、前出
柳田国男「魂の行くへ」（『定本柳田國男集』第十五巻、筑摩書房、一九六三）
山上伊豆母『古代神道の本質』法政大学出版局、一九八九
エリアーデ『豊饒と再生』せりか書房、一九八五
土橋寛「昔話と民俗」（『立命館文学』一七〇・一七一合併号）
関敬吾『日本昔話大成』第四巻、前出

終章　山の霊力

木下忠『日本農耕技術の起源と伝統』雄山閣、一九八五
坪井洋文「日本人の再生観」（日本民俗文化体系2『太陽と月』小学館、一九八三）
木下忠「湿田と大足」（講座日本の民俗5『生業』有精堂、一九八〇）
柳田国男『神樹篇』、前出
野本寛一『稲作民俗文化論』、前出
新井恒易『農と田遊びの研究』明治書院、一九八一
大林太良『稲作の神話』弘文堂、一九七三
山口昌男『歴史・祝祭・神話』中公文庫、一九七八
谷川健一『神・人間・動物』講談社学術文庫、一九八六
真壁仁『黒川能』日本放送出版協会、一九七一
柳田国男『こども風土記』（『定本柳田國男集』第二十一巻、筑摩書房、一九六二）
小野重朗『増補農耕儀礼の研究』、前出
石上堅『木の伝説』宝文館出版、一九六九
中西進『ユートピア幻想』大修館書店、一九九三

あとがき

山へ柴刈りに行った爺さんが刈り取った柴を川の淵や洞穴に投げ込む。こんな印象的な場面からはじまるのが竜宮童子の昔話である。せっかく刈り取った柴なのに、何ともったいないことを……。そんな私たちの心配をよそに、爺さんは何かにとりつかれたように一束、また一束と柴を投げ込む。

私が「柴」に関心をもつようになったのは、実は竜宮童子の昔話を読んだのがきっかけである。もっとも、最初に読んだときはただ漠然と興味をもっただけで、あまり深くは考えなかった。前著『かまど』(法政大学出版局、二〇〇四)でも、私はこの昔話を取り上げたが、柴について必要以上に深入りすることはなかった。カマドの問題とは直接関係がないと思ったからである。

その後、『かまど』を上梓して一息ついたころ、ふと「柴」のことが気になりだした。柴について何か短文を書いてみたいという気持になったのである。そこで、とりあえず柴の呪性というか、呪物としての柴に的をしぼり、宗教儀礼、民俗儀礼、年中行事、祭事などを調べていくうちに、柴がさまざまな場面で重要な役割をはたしていることに気づき、むしろ愕然とした。こうして私は本腰をすえて柴の問題に取り組むようになったのである。手始めに書いたのが「柴の呪力」と題した五〇枚ほどの論文で、これは『生活文化史』四八号(日本生活文化史学会、二〇〇五年九月)に発表した。ちなみに本書の成り立ちにふれておくと、この拙文に若干の手を加えて成ったのが第一章で、そのほかは書き下ろしである。

柴についてあれこれ考えをめぐらしているうちに、私なりに新しい発見もあった。日本人の生活と山との深いかかわりである。そんなことは民俗学の常識といわれるかもしれないが、柴を中心に考えると、また別の視点が浮かび上がってくる。たとえば刈敷は山から刈り取ってきた青柴を田に敷き込むわけだが、そこには山の霊力を田に移植するという呪的な意味が隠されている。柴は山の霊力の象徴であり、柴を媒介にして山と里が結ばれるという構図が明らかになる。

柴を山から持ち帰る風習はとくに神社の祭日に多くみられる。これは日本人が山とかかわるさい、柴を仲介にする伝統があったことを示している。山は異界であり、柴には境界的・両義的な意味があって、それが柴をして神聖な呪具たらしめているといえよう。柴が古くから正月の神を迎えるための依り代として珍重されてきたのもそのためである。

かつて日本人の生活のいとなみは山に多く依存していたが、それが戦後になって一変する。とくに都会で暮していると、山のことなどすっかり忘れ、山に依存しなくても生きていけるような錯覚にとらわれるようである。早い話が、たとえばミネラルウォーターは山から湧き出す天然水であり、それがペットボトルに詰められて簡単に手に入るようになると、私たちはその来歴を忘れてしまう。また日本人の主食である米をはじめ農作物にしても、それらを育てる水は山を水源としている。都会で生活していても、山の恩沢に浴していることにかわりはなく、ただその実感がないだけである。この生活があたりまえになると、いつしか山のありがたみも忘れ、山をかえりみなくなる。ここに現代人の盲点がある。

今日、山のゴミが深刻な社会問題になっている。むろん山がゴミを出すわけではない。人間が山にゴミを持ち込むのである。日本が世界に誇る富士山でさえ、山麓に産業廃棄物を不法投棄する人があとをたたないという。なぜ山にゴミを捨てるのだろうか。よくいわれるように、日本人のモラルの低下もその一因であろう。だが問題の根はもっと深いところにあるように思う。日本人の生活と山との関係が稀薄になり、私たちは山に依存しているにもかかわらず、それを実感として認識できないところに根本的な原因があるように思えてならない。山のゴミ問題は、山との接点を失った現代社会がうみだした負の遺産といえる。

私たちは山とどうつきあっていけばいいのだろうか。たまには山に登ったり、森のなかを散策しながら自然と対話してみるのもいい。それと同時に、もういちど原点に帰って、山と人間の関係について考えてみることも必要であろう。それには長年、山と深くかかわりながら生活をいとなんできた先人の知恵と歴史にも学ばなければならない。本書が、そのためのよすがになれれば幸いである。


最近、つくづく思うことがある。人は人によって生かされているのだ、と。そもそも私が文化史を専攻するようになったのも、恩師の栗田勇先生の影響が大きい。栗田先生を紹介してくださったのが、学生時代にお世話になった藤井博巳先生(現芝浦工業大学名誉教授)である。今の私があるのも、もとはといえば藤井先生のおかげである。遅ればせながら、藤井博巳先生に感謝の意を捧げたいと思う。

私のささやかな研究をいつも気にかけてくださる栗田勇先生にも、あらためてお礼を申し上げたい。折にふれ、先生から貴重なご教示をたまわり、とても励みになった。

また、このたびの出版にさいしては、雄山閣編集部の久保敏明氏にたいへんお世話になった。心から厚くお礼を申し上げる。

最後に、文中に挿入する写真の整理を手伝ってくれた妻豊美にも、この場を借りて感謝の気持を表したい。

二〇〇七年如月

狩野敏次

狩野　敏次（かのう　としつぐ）

著者略歴
1947年、東京に生まれる。芝浦工業大学建築工学科卒業、法政大学大学院工学研究科修了。以後、栗田勇氏に師事。専攻は文化史、建築史。具体的なモノ・場所・空間が喚起するイメージを手がかりに、日本人の他界観を考察している。
日本生活文化史学会、日本民俗建築学会、各会員。

主要著作
『かまど』（法政大学出版局、2004）、「床と身体のコミュニケーション」（『日本学』18号）、「住居空間の心身論」（『日本学』20号）、「納戸のコスモロジー」（『生活文化史』32号）、「出産の作法」（『生活文化史』34号）、「ウブスナ再考」（『生活文化史』36号）、他多数。

平成19年３月15日初版発行　　《検印省略》

昔話《むかしばなし》にみる山《やま》の霊力《れいりょく》—なぜお爺《じい》さんは山《やま》へ柴刈《しばか》りに行《ゆ》くのか—

著　者　狩野敏次
発行者　宮田哲男
発行所　㈱雄山閣
〒102-0071　東京都千代田区富士見２－６－９
ＴＥＬ　03-3262-3231㈹　FAX 03-3262-6938
振替：00130-5-1685
http://www.yuzankaku.co.jp
組　版　創生社
印　刷　(株)シナノ
製　本　協栄製本

Printed in Japan 2007
ISBN978-4-639-01965-7　C1039